大阪経済大学研究叢書第87冊

Entrepreneurial
Orientation

小さな会社の大きな力

逆境を成長に変える企業家的志向性（EO）

江島由裕 著
Yoshihiro ESHIMA

中央経済社

プロローグ

　エピソード１：「（父親が他界し，負債がわかって）どうしようか，びっくりしました。でも，とにかくやらなければならない，という気持ち。明日，倒産せずに存続できているかが大事。もうなりふり構わず，という感じでしたよ」

　こう語るのは，2015年６月に東証マザーズに新規株式公開を果たした小さな会社の社長である。危機から約20年で見事に会社を甦らせて成長軌道に乗せた。厳しい道のりではあったが多くの学びもあったようだ。今後については次のように語る。

　「今後の30年を考えた時，蓄えているから30年生き残れる，ということはなくて，攻め続けていないと，逆に安定しない。その根幹にあるのは，守りの姿勢に入ると組織が学習しなくなるということです。活気がなくなり，負荷に弱くなる」

　「攻撃が最大の防御」にみえる会社だが，この20年の間にいったい何があったのか。何が逆境から成長へ突き動かしたのだろうか。

　エピソード２：「本社工場，それが，こっぱみじんに，なくなってしまって，荒れ果ててしまった。何もかも失ってしまって，子供が泣き狂った状態をみた時，これはどんなことがあっても，元に戻したい，というそんな気持ちになりました」
　「ここからはい上がっていかないことには，私たちはこの地を捨てることになってしまう。まず，私が動かないとこの地域が活性化しない。大げさにいえば，自分の城を捨てることになる」

　これは2011年３月11日の未曾有の東日本大震災で大打撃を受けた小さな会社社長の語りである。この会社は津波によりすべてを失いどん底の中にあった。

しかし，その喪失感から一歩ずつ着実に回復を見せている。一方，自社にとどまらず，地域の復旧・復興にも力を注ぐ。想像を絶する逆境の中から，前に向かおうとする力はいったいどこから来るのか。

　これら2つの語り（エピソード）は本書で扱った事例のごく一部である。過酷な環境に正面から向き合い，もがき，苦しみ，その中から小さな灯りを見つけてビジネスを前に進める。壮絶なストーリーである。吹けば飛ぶような小さな会社かもしれないが，地に足をしっかりつけて懸命に生き残り，発展を遂げる。それは容易なことではないだろう。誰もができることでもないだろう。しかし，やり遂げている。どこにそんな力があるのだろうか。
　この底力を，本書では精神論として論じるつもりはない。経営学の視点から科学的に，そのメカニズムを解明したい。どんな小さな会社でも，その力を発揮することができると信じ，そのことを主張したい。
　とは言え，現実の事業環境は厳しく，経営資源が十分でない小さな会社の経営は安泰とは言えないことも事実だろう。統計データからは，会社を起こして10年後には約3割強しか生き残っていないことがわかる。また，残った会社のわずか1割程度しか大きく成長していない[注]。これが現実である。安易にどんな会社でも成功できる，とは論じたくないし，残念ながらそうとは言えそうにない。
　ただし，その可能性を高めることはできる。経営の要諦をしっかりと理解し準備すればよいのだ。これが，本書の考え方の根底にある。筆者の問題意識を列挙すると次のようになる。

- 小さな会社は成功できないのか，本当に稼げないのか。
- 小さな会社が生き残り，成長する鍵とは何か。
- どのような戦略行動が小さな会社の命運を左右するのか。
- 小さな会社の潜在力（底力）はどの程度か。
- 経営トップは何に注視すべきか。

読後に少しでもこれらの点についての理解が進んだとすれば，本書の目的は概ね達成できたと言ってもよいかもしれない。

ところで先に示した筆者の問題意識であるが，実は意外なところに解決のヒントが隠れている。それは，本屋のビジネス書コーナーだ。読者の皆さんの中にも，足を運ばれる人がいるかもしれない。そこには，魅力的な経営者の語りや名言がずらりと並び，思わず立ち読みをしてしまうことはないだろうか。筆者の眼に飛び込んできたキーワードを少し列挙してみると次のようになる。

「ハングリー」
「諦めない」
「ぶれない」
「失敗を恐れない」
「貪欲であれ，愚直であれ」
「技術というものは失敗の連続から生まれる」
「やめる勇気」
「挑戦しなければ失敗もないけど成功はもっとない」
「自分で狩場を開拓していくしかない」
「人と違うことをしないと生き残れない」
「開拓者であること」
「一歩先を行く」

それぞれの本には経営者の失敗，成功，悲しみ，怒りなど人生のストーリーが描かれ，そのいくつかのキーワードには重みと深みを感じる。熾烈な競争や想像を絶する困難を乗り越えてきた，小さな会社の経営者の体験に裏打ちされた言葉であり，これから会社を起こす人や経営に行き詰った経営者にとって，目から鱗のストーリーで勇気と感動を与えてくれる。

しかし，こうした成功の語りはそのまま真似をしても大丈夫なのか。それらは，個別の状況下での成功体験であって一般化できるのだろうか。会社の置か

れた環境や事業への思いの程度などによって，当てはまる場合もあれば，そうでない場合もあるのではないだろうか。深い感動と動機付けにはなるが，逆効果を生む可能性も否定はできないだろう。

　筆者はいつも，こんなことを考えながら，本屋にずらりと並ぶ感動的なビジネス書を眺め，いつか，その根っこに隠れている成功の原理を解明してみたいという小さな野望を持っていた。恥ずかしながら，これが本書の執筆の原点である。経営の明暗を分ける鍵概念やそれが適応する諸条件を示すことができれば，より実践的な経営者へのメッセージを導出できるのではと考えていた。

　本書では，小さな会社の大きな力の源泉が，企業家的志向性（Entrepreneurial Orientation: EO）にあると捉えて，その概念，有効性，諸条件を緻密に分析して明らかにしようとしている。

　もちろん，ビジネスが成功するには，経営理念，ビジネスモデル，人事，資金など様々な経営要素が相互に作用しあい適切にマネジメントされていることが大事であることは言うまでもない。経営トップと一体化した組織の戦略行動の型である企業家的志向性（EO）だけで経営がうまく回るとは考えていない。現実のビジネスは，そんな単純な因果で語れるほど柔ではないだろう。

　一方，適切なビジネスモデルや潤沢な資金が揃ったとしても，それだけでビジネスが成功するとは限らない。予期せぬ荒波が突然，次々と到来したとき，それを避けながらもうまく波にのる能力も欠かせないのではないだろうか。そこには，戦略や組織を動かすエンジンが必要となる。しかも，それは頑丈な駆動力でないと，厳しい事業環境の中ですぐに故障を起こしてしまう可能性が高いだろう。本書では，そのエンジン部分に焦点を当てそのメカニズムの解明と実践経営への応用を提起している。

　本書は，2014年2月に上梓した『創造的中小企業の存亡：生存要因の実証分析』の続編と位置付けている。前作では，創造的な中小企業の社会的な存在意義に注目し，その存続に関わるマネジメント諸要因の導出にこだわった。本書では，前作で導出した創造的な中小企業存亡の鍵概念であった「EO」と，生

き残りの大前提になる「小さな会社の稼ぐ力」に焦点をあてて分析を深めている。

　小さな会社が存続し継続的にビジネスを続けていくためには，何より稼ぐ必要があることは，誰しも否定しないだろう。会社によってはビジネスの規模を大きくして，成長したいところもあれば，逆に，小さいまま100年企業を目指すところもあるだろう。しかし，どの道を選ぼうとも自社の商品やサービスが持続的に売れないことには話にならない。業績が好調でないと存続もおぼつかないといえよう。そのために，経営トップは本質的に何に注目すべきなのか。そのシンプルだが難解なテーマに対して，本書は正面からアプローチして，経営の実践に役立つ示唆の導出を試みた。

　本書は，実証分析からの発見事実を経営現場で応用できるように工夫を凝らしたつもりである。そのために，できるだけ難解な議論や理論は本文では避けるようにして，必要に応じて脚注にまとめて記載した。関心のある研究者や大学院生の読者は，特にその箇所に注目をしていただきたい。本書は研究書ではあるが，本文は，中小企業の経営者や起業を検討している方，社内で新事業開発に携わる人，中央政府や地方政府の政策担当者や中小企業支援者を意識して，わかりやすい記述に努めた。

　しかしながら，一定の諸概念を正確に理解していただくために，必要に応じて学術的な説明はしっかりと付け加えている。それは，概念の表面的な理解ではなく本質的な理解をしていただきたいためである。むろん，こうした筆者の思いがうまく本書に反映されているかは心もとないが，ご判断は読者の皆さまに委ねたい。

　本書の構成は次のとおりである。「第1章　もがき苦しむ小さな会社」では，まず，小さな会社が直面する実態をマクロな視点から描写する。そこでは，日本の新規開業に関わる「生みの苦しみ」と，誕生後の存続に関わる「生き残る苦しみ」の二重の苦と向き合っている会社の姿を表した。一方，小さいながらも大きく成長する会社の存在も明らかにする。象徴的なことは，創業後10年で

生き残った割合は36％で存続した会社の約1割程度しか大きく成長できていないことである。ここでは，小さな会社が向き合う諸課題を提起する。

「第2章　企業家的志向性（EO）とは」では，本書の主題である企業家的志向性（EO：Entrepreneurial Orientation）について解説する。それは，組織の戦略行動の型の1つで，小さな会社の存続と成長に強く影響を与えていることがわかっている。約30年もの間，欧米諸国を中心に急速に発展を遂げてきたEO概念の効用と課題を論じる。

次に，3つの章を設けてEOの力とメカニズムを検証する。「第3章　EOの力を測定」では，8つの大規模定量調査を用いてEOの稼ぐ力をストイックに分析する。そこでは，「高EO企業＝高成果企業」および「低EO企業＝低成果企業」，つまり稼ぐ力の源泉がEOに深く関わることを示す。

続く「第4章　EOは危機に有効か─東日本大震災と向き合う小さな会社の分析」では，大震災の影響とその後の回復への道のりを，2時点の調査データと被災企業2社への聞き取り調査により浮き彫りにする。

「第5章　EOはいつ生まれるのか─逆境から甦る小さな会社の分析」では，多額の負債を抱えながらも東証ジャスダックへの上場を果たした会社の，逆境から成長へのストーリーを描写した。過酷な状況から抜け出す経営の要諦とは何か。第4章，第5章とも，小さな会社がどん底からはい上がる凄まじいプロセスを分析する。

「第6章　EOのメカニズムとは」では，これまでの実証分析結果を整理して，EOが機能する諸条件を体系化して解説する。その上で，6つのEOメカニズムの主要命題を提起する。続く「第7章　EOはマネジメントできるのか─7つのメッセージ」では，EOのメカニズムを実際に動かすヒントを探る。経営トップが注目すべき7つの点に焦点を当てた。第6章が，本研究からの学術的な示唆を提示するのに対して，第7章は，実践的な示唆の導出を試みている。

最後の「第8章　EOからSEBへ」では，小さな会社の明暗を分けるEOの概念をさらに深めて，学会での最新の実証研究と議論を用いながら新たな鍵概念を提示する。今後のEO概念について主に学術的な視点から展望している。

なお，本書では，Entrepreneurship（アントレプレナーシップ）の訳語として「企業家活動」を用いているが，Entrepreneur（アントレプレナー）については，「企業家」の訳語を基本にしつつも，スタートアップに限定した場合や組織の正式名称の場合は，「企業家」ではなく，「起業家」を用いている。企業家の概念は，創業（スタートアップ）や組織での新事業開発など広く新参入（new entry）にかかわる含意を込めて捉えている。

　本書は，最初から読み進むことによって，小さな会社の成功の要諦が理解できるように全体の構成を検討しているが，読者の立場や関心の重きに基づき，学術的な理解（第2章，第3章，第4章，第5章，第6章，第8章）あるいは実践的な理解（第1章，第4章，第5章，第7章），を中心に読み進めることも可能である。

　ただし，研究書にありがちな難解な学術用語や先行研究の記述は，その本質から逸脱しない範囲で可能な限りわかりやすい表現に統一したつもりだ。是非，研究者以外の方にも，全章を読み通していただき，理論と実践を通じた本書のメッセージをご理解いただければ幸いである。本書が，多くの方々に，小さな会社の持続的な成長の要諦について考えていただく機会になればと願っている。

　世界には名だたる学会がある。経営学やアントレプレナーシップ（企業家活動）に関わるものとして，Academy of Management（AoM），Strategic Management Society（SMS），Babson College Entrepreneurship Research Conference（BCERC）はその代表格といえよう。

　筆者もこうした学会で研究報告を始めて，早20年近くになる。そこは，新たな発見事実や命題の提示，実証分析を通じた仮説の検証，理論と実践への示唆など，まさに，経営現象を科学し実践に役立てようとする研究成果のオンパレードで，とても刺激的な場だ。世界の新進気鋭の研究者や，論文や著書でしか知らなかった研究者とも直接，気軽に話ができる。

　ここで知り合った複数の研究者とは，共同研究を通じて今でも親交が続いている。本書では，こうした学会の最新動向にも触れながら，そこでの議論を読

者にわかりやすくアレンジして，本研究の課題である「小さな会社の大きな力」についてアプローチしている。

　本書の全体像を，ここまで述べてきたが，果たして，筆者の考えるように読者の皆さんの理解が深まるのか，不安は残る。しかし，本書の考察から，小さな会社の経営について読者が何らかの示唆を得られるなら，筆者にとって何よりの喜びである。これまでも，そしてこれからも，小さな会社のお役に立ちたいという気持ちは，いささかも変わることはない。

注）新規開業企業の10年後の生存率や成長企業の割合等のデータ分析については第１章を参照のこと。

目　次

プロローグ　1

■第1章　もがき苦しむ小さな会社 ── 17

1．誕　　生 ……………………………………………………… 19
2．生き残り ……………………………………………………… 20
3．本当に稼げないのか ………………………………………… 22
　　3.1　企業規模が原因か　22
　　3.2　市場範囲が原因か　25
4．大きく成長する小さな会社 ………………………………… 27
　　4.1　日本の成長中小企業　28
　　4.2　韓国の成長中小企業　30
　　4.3　ボーングローバル企業　31
　　4.4　ユニコーン（一角獣）企業　33
5．経済社会を支える小さな会社 ……………………………… 36

■第2章　企業家的志向性（EO）とは ── 39

1．概　　念 ……………………………………………………… 41
2．EO研究の変遷 ……………………………………………… 43
3．2つのEO構成概念 ………………………………………… 44
4．EO研究の論点 ……………………………………………… 50

■第3章　EOの力を測定 ―――――― 57

1. 分析のねらい ―――― 59
2. 分析対象企業のデモグラフィー ―――― 60
3. 経営成果とEOの水準 ―――― 61
4. 高経営成果企業と低経営成果企業 ―――― 63
5. 経営成果の高低とEO水準 ―――― 64
   5.1　競争優位（利益面）とEO　64
   5.2　利益率の伸びとEO　65
   5.3　競争優位（売上面）とEO　66
   5.4　売上高の伸びとEO　67
6. EOの高低と経営成果の水準 ―――― 69
7. EOの力 ―――― 74

■第4章　EOは危機に有効か
東日本大震災と向き合う小さな会社の分析 ―――― 79

1. 大震災による影響 ―――― 81
   1.1　分析のねらい　81
   1.2　調　査　81
      1.2.1　データ：2011年調査と2014年調査　81
      1.2.2　変　数　82
      1.2.3　分析対象企業のデモグラフィー　84
   1.3　分析結果と考察　86
      1.3.1　大震災によるビジネスへの影響　86
      1.3.2　大震災の影響とマネジメントの変化　91
      1.3.3　大震災で打撃を受けた企業の高業績と低業績を分ける要因　94

2．大震災で打撃を受けた企業の回復ストーリー ················· 99
　　2．1　分析のねらいと調査　99
　　2．2　A　　社　101
　　　2．2．1　ストーリー　101
　　　2．2．2　分析　102
　　2．3　B　　社　105
　　　2．3．1　ストーリー　105
　　　2．3．2　分析　107
　　2．4　比較分析　109
　3．EOが有効な条件 ·· 113

■第5章　EOはいつ生まれるのか
　　　　　逆境から甦る小さな会社の分析 ──────── 117

　1．分析のねらいと方法 ··· 119
　2．事例の概要 ·· 119
　　2．1　会社概要　119
　　2．2　過去から現在への道のり　122
　3．事例分析 ··· 138
　　3．1　4つの分岐点　138
　　3．2　分岐点の特徴　139
　4．逆境から成長へ ·· 151
　　4．1　マネジメントの変化　151
　　4．2　EOの芽生えと変化　155

■第6章　EOのメカニズムとは ────── 163

1．EOの効用 ────── 165
 1．1　稼ぐ力　165
 1．2　逆境から抜け出す力　165
2．EOの型 ────── 166
3．EOの境界条件 ────── 167
 3．1　触媒条件　167
 3．2　先行条件　167
 3．3　6つの命題　168

■第7章　EOはマネジメントできるのか
7つのメッセージ ────── 173

1．視点を変える：環境決定論から主体的選択論へ ────── 175
2．競争優位は一時的，変わる覚悟をもつ ────── 176
3．機会ベース型のマネジメントを実践する ────── 177
4．リスクと向き合い，EOを使い分ける ────── 178
5．組織に小さなカオスをつくる ────── 179
6．組織内の摩擦を改革へリードする ────── 180
7．次世代へつなぐ ────── 181

■第8章　EOからSEBへ ────── 185

1．EOの本質とは ────── 187
2．修正版EO ────── 188

2.1　調査の背景と概要　188
　　　2.2　調査①からの発見事実と示唆　190
　　　2.3　調査②からの発見事実と示唆　191
　3. EOとSEB ……………………………………………………………… 192

エピローグ　195

参考文献　203

索引　211

図表目次

第1章　もがき苦しむ小さな会社

図表1-1　4か国の開業率・20
図表1-2　売上高経常利益率の推移・23
図表1-3　中規模企業の売上高経常利益率の推移・24
図表1-4　小規模企業の売上高経常利益率の推移・24
図表1-5　3つの競争アリーナの高成長企業と低成長企業・26
図表1-6　日本の設立10年企業の雇用創出の内訳・28
図表1-7　日本の設立10年企業の売上増加の内訳・29
図表1-8　韓国の設立10年企業の雇用創出の内訳・31

第2章　企業家的志向性（EO）とは

図表2-1　EO調査票の原型・49
図表2-2　EOと経営成果の触媒要因・52
図表2-3　EOと経営成果の媒介要因・52
図表2-4　EOの先行要因・52

第3章　EOの力を測定

図表3-1　調査の概要と分析対象企業・61
図表3-2　経営成果とEOの水準・62
図表3-3　高成果企業と低成果企業・64
図表3-4　競争優位企業と競争劣位企業（利益面）のEO・65
図表3-5　高利益企業と低利益企業のEO・66
図表3-6　競争優位企業と競争劣位企業（売上面）のEO・67

図表３－７　高売上企業と低売上企業のEO・68
図表３－８　高EO企業と低EO企業の利益面からみた競争優位性・71
図表３－９　高EO企業と低EO企業の利益率の伸び（％）・71
図表３－10　高EO企業と低EO企業の売上面からみた競争優位性・72
図表３－11　高EO企業と低EO企業の売上の伸び（％）・72
図表３－12　経営成果とEOとの関係・75

第４章　EOは危機に有効か
東日本大震災と向き合う小さな会社の分析

図表４－１　分析対象企業のデモグラフィー・85
図表４－２　変数の記述統計と相関関係・86
図表４－３　都道府県別の大震災の影響・88
図表４－４　業種別の大震災の影響・91
図表４－５　大震災の影響とマネジメントの変化・92
図表４－６　大震災で打撃を受けた企業の
　　　　　　高業績と低業績を分ける要因（売上の増減）・95
図表４－７　大震災で打撃を受けた企業の
　　　　　　高業績と低業績を分ける要因（収益基調）・96
図表４－８　事例企業の基本プロフィール・100
図表４－９　A社のEOの水準・103
図表４－10　B社のEOの水準・108
図表４－11　２社の特徴・111

第５章　EOはいつ生まれるのか
逆境から甦る小さな会社の分析

図表５－１　会社概要・121
図表５－２　SVのこれまでの道のり・137

図表5-3　第1分岐点（1994年前後）の状況・142
図表5-4　第2分岐点（2006年前後）の状況・144
図表5-5　EOの水準・148
図表5-6　第3分岐点（2012年前後）の状況・148
図表5-7　第4分岐点（2015年以降）の状況・150
図表5-8　事例からみえてきた生き残る戦略行動・158

第6章　EOのメカニズムとは

図表6-1　危機的状況下での6つの主要命題・171

第8章　EOからSEBへ

図表8-1　韓国と英国の中小企業調査の概要・189
図表8-2　修正版EOのメカニズム・192

第1章

もがき苦しむ小さな会社

日本で9割以上のシェアを占める小さな会社の社会的存立意義は大きい。しかし，その誕生と生き残りの実態は厳しい。生まれて10年後には約3割強しか生き残っていない。たとえ生き残っても稼げる企業と稼げない企業とに二極化する。さらに，大きく成長する企業はわずか1割にも満たない。規模や資源が潤沢でない小さな会社は本当に稼げないのか。その実態を探ってみた。

1. 誕　　生

　企業は生まれて成長しそして成熟していく。そのスタートラインである企業の誕生は，経済社会の発展にとって重要な役割を担うと考えられよう。それは，新興企業の登場は経済の新陳代謝を促すからでもある。

　つまり，多くの企業が生まれれば，それだけ企業間競争も活発化し商品の質と価格もバランスし，消費者の便益も高まることにつながる。逆に，誕生が少なければ大企業を中心とする既存企業の支配が強まり，新たな商品の登場や低価格化も抑えられてしまうかもしれない。起業の社会的意義はそこにあるといえよう。

　世界の起業の実態について定点観測を続けるグローバル・アントレプレナーシップ・モニター（Global Entrepreneurship Monitor: 以下，GEM[1]）の調査結果は，起業活動の特徴を浮き彫りにしてくれている。

　過去3年間のGEMのデータによると，日本の起業予定者ならびに起業して間もない人の割合（TEA: Total Early Stage Entrepreneurial Activity）は，2012年は67か国中67位，2013年は70か国中69位，2014年は69か国中68位であった。世界の国々と比べると日本の起業活動は最低水準に留まっている。

　さらに，その背景とも考えられる起業失敗への不安ランキングは，GEMのデータによると，2012年は67か国中第3位，2013年は70か国中第6位，2014年は69か国中第2位と，常に日本は上位にある。失敗への不安がとても高く，リスクを嫌う傾向が色濃く反映されているといえよう[2]。

　図表1-1は日本，アメリカ，イギリス，フランスの開業率の推移を比較したものである。見てわかるとおり，フランスを除き，イギリスとアメリカはほぼ横ばいで8％から12％の間を推移している。一方，日本は4％から6％の間を推移し4か国中，最低水準の開業率となっている。このように，世界的にみて日本の起業の実態は，その予定者を含めて極めて低調であることがわかる。

　経済が活性化するためには，市場への新規参入が欠かせないが，総じて日本

図表1－1　4か国の開業率

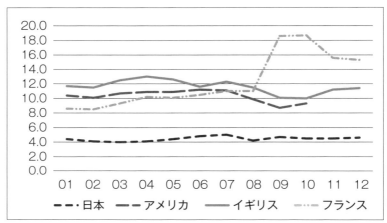

出所：中小企業白書（2014）を筆者が加工

にはその力が弱いようにみえる。日本社会には生みの苦しみが存在しているのかもしれない。それでは，企業誕生後の実態はどのようになっているのだろうか。小さく生まれた企業の生き残りの実態について，次にみていく。

2. 生き残り

　2006年版の中小企業白書のデータを基に計算してみると，1984年から2002年の間に生まれた会社が10年後に生き残っていた割合（全体を100とした場合）はわずか36%であった。ビジネスを始めて10年で，約6割強の企業は市場から退出したことになる[3]。また，日本の代表的な中小企業の集積地である東京都大田区の新規開業企業の5年後の生存率は，岡室博之教授の分析によると平均70.5%であった。5年の間に約3割の企業が消滅したことになる[4]。

　一方，こうした企業の短命の事実は日本特有というわけではない。米国の研究によると，1980年代から2000年初期の新規開業企業の生存率は，設立後4年目で約半数，10年で7割が消滅していることがわかっている[5]。一方，英国

の場合はさらに深刻で，設立2年半で45%の企業が姿を消し，6年後には8割の企業が消滅しているとの報告がある[6]。

　企業設立10年の生存率がこれほど低いということは，小さな会社を取り巻く事業環境の過酷さを改めて示していると言ってよいだろう。競争による企業淘汰は日常茶飯事で待ってはくれない。そんな中，生まれたばかりの小さな会社は必死に生き残りをかけて日々勝負をしているのである。

　次に，設立10年を超える企業を含む中小企業全体の生存状況をみてみよう。総務省の事業所・企業統計調査によると，従業員300人未満の中小製造業の1996年から1999年の退出事業所数は112,086で，生存数は655,456，3年間の生存率は85.4%であった。

　筆者が実施した中小企業の生存率の調査結果もほぼ同様で，1995年に存続を確認した5,521社の中小企業のうち，2000年に生存を確認できたのは4,300社，5年間で2割弱が消滅していた（生存率は83.8%）。また，2000年から2004年の4年間の中小企業の生存状況も同様で，生存率は86.7%であった[7]。各調査の時期，サンプル数，規模などは異なるものの，独立した各調査の結果は総じて大きく異なることはなかったといえよう。

　生まれたばかりの小さな企業と比べて，既存の中小企業の生存率はやや高いものの，そこにも確実に淘汰の波は押し寄せている。長く事業を続ける中小企業の経営も常に安泰というわけではなく，急激なビジネス環境の変化から自主廃業や倒産に追い込まれるケースも多々あるだろう。企業は常に危機と隣り合わせにいるのである。

　小さな会社は生き残るために日々経営努力を重ねている。しかし，残念ながらすべての企業が生き残れるわけではない。中には，大きく成長を遂げる企業もあれば，逆に失速して廃業する企業もいるだろう。優れた技術があったとしても安心はできない。技術力を活かせず商品開発に失敗したり，顧客に支持されないケースもあるかもしれない。予期せぬクレームや風評被害で商品が売れなくなることも珍しくない。経営者にとって，会社をつくり，育て，継続させていくことは容易なことではない。事実，先にデータで示したように創業は低

調で，その後の生き残りも厳しい状況にあった。

　言い換えると，日本では，新規開業に関わる「生みの苦しみ」と，誕生後の存続に関わる「生き残る苦しみ」の二重の苦が待ち受けているといえそうである。

　では，その２つの苦しみからどうすれば抜け出すことができるのだろうか。その鍵は，ビジネスの最も基本となる稼ぐ力と関係していないだろうか。会社をつくるにも，事業を継続するにも，その起点には必ず儲けが関与している。いかに優れた理想を経営トップが掲げようと，また従業員にとても寛大な経営者であろうと，そして社会に欠かせない会社であろうとも，稼げないと終わってしまう。

　売れる商品やサービスをつくり，顧客価値を高める。これがビジネスの基本で，社会から支持される基盤となるはずである。事業活動の意義や存立価値を語ることと同様に，あるいはそれ以上に，経営トップは「稼ぐ力」を再認識する姿勢が必要ではないだろうか。

　それでは，実際に日本の中小企業の稼ぐ力はどの程度なのか。以下その力についてみていく。

3. 本当に稼げないのか

3.1　企業規模が原因か

　図表１－２は，1980年から2013年までの大企業，中規模企業，小規模企業の売上高経常利益率の推移を示している。ここでいう大企業とは資本金１億円以上，中規模企業とは資本金１千万円以上１億円未満，小規模企業とは資本金１千万円未満の企業をさす。

　図表１－２からは，企業規模の大，中，小で利益率に大きな差があることがわかる。特に，1990年代後半から徐々にその差は拡大している。時代による違いはあるものの，総じて，大企業と中規模企業の間には１ポイントから２ポイ

図表1-2　売上高経常利益率の推移

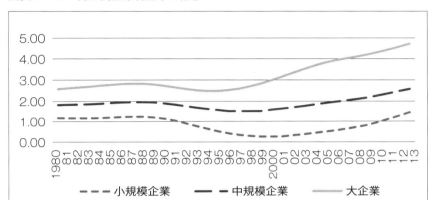

出所：中小企業白書（2015）を筆者が加工

ント，大企業と小規模企業の間には1ポイントから3ポイントの開きがあり，その差は時代とともに広がりをみせている。

　2013年の小規模企業の売上高経常利益率は1.44，中規模企業は2.59，大企業は4.73と，小さな会社の稼ぐ力は相対的に小さく，競争環境の激化と経営の厳しさがうかがえる。

　それでは，企業規模が同じ場合はどうであろうか。企業規模が大，中，小と同じ中で，企業の稼ぐ力に差はあるのだろうか。

　ここでは，中規模企業ならびに小規模企業の売上高経常利益率の上位25%と下位25%の2グループに注目して比較分析を加える。図表1-3は，資本金1千万円以上1億円未満の中規模企業の1983年から2013年までの売上高経常利益率の推移を表している。

　見てわかるとおり，1983年での上位25%企業グループの利益率は10.8%，下位25%企業グループの利益率は−6.8%と16ポイント以上開いていた。その後，徐々にその差は拡大していき，2000年の利益率はそれぞれ，12.2%，−11.1%と20ポイント以上の開きとなった。そして，2013年の上位グループの利益率は17.1%，下位グループは−12.7%とその差はさらに拡大した。時代を超えて稼ぐ

図表1-3　中規模企業の売上高経常利益率の推移

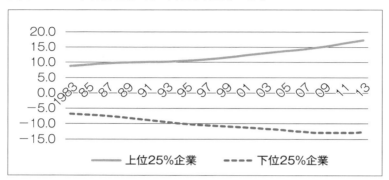

出所：中小企業白書（2015）を筆者が加工

図表1-4　小規模企業の売上高経常利益率の推移

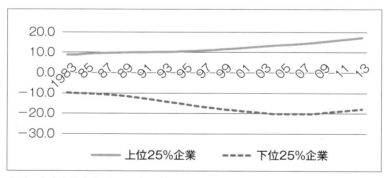

出所：中小企業白書（2015）を筆者が加工

力が二極化していることがわかった。

　図表1-4は，資本金1千万円未満の小規模企業の売上高経常利益率の推移を上位25％企業グループと下位25％企業グループに分けて表している。1983年の上位企業グループの利益率は8.8％で，下位企業グループの利益率は-9.9％と約18ポイントの差がみられた。2000年には，それぞれ11.9％，-18.5％でその差は約30ポイントと大きく広がっていく。そして，2013年には，上位企業グループの利益率は17.3％へとさらに高まり，下位企業グループの利益率は-17.9％と

ほぼ横ばいで推移している。

　中規模企業と同様に小規模企業でも，上位企業グループと下位企業グループとの利益率に差がみられ，1980年代以降徐々にその差は拡大していた。また，規模が小さい小規模企業のほうが，中規模企業よりその格差は大きく拡大していることがわかった。なお，ここでは示していないが，資本金1億円以上の大企業も小規模企業と中規模企業と同様に，上位企業グループと下位企業グループの間に格差はみられた。

　このように大規模企業と中規模企業や小規模企業との間には，稼ぐ力に差がみられた。しかし，同じ規模の企業同士の間にも，稼ぐ企業と稼げない企業とが存在することが明らかになった。そして，企業規模が大，中，小と小さくなるにつれて，両者の利益率の差が大きくなっていた。

　このことは，小さい会社は体力と経営資源に乏しく，赤字企業が多く存在する可能性を示すとともに，逆に，小さいながらも大きく稼ぐスリムな黒字企業も多く存在する事実も浮き彫りにした。

　企業規模が同条件の中でも，稼ぐ企業と稼げない企業が時代を超えて存在しているということは，稼ぐ力とは規模や事業環境以外の要因に依拠している可能性が高いといえるのではないだろうか。

3.2　市場範囲が原因か

　筆者が2008年10月に実施した設立10年企業を対象とした調査結果に基づくと[8]，市場規模が小さい近隣地域を対象にビジネスを展開する小さな会社の中にも，全国や世界を市場対象とする会社よりも大きく稼いでいるところがあることがわかっている。

　図表1-5は，その分析結果の一部を示したものである。まず，会社が競う市場の範囲が「地域」，「全国」，「世界」と大きくなるにつれて，企業の平均成長率も高まっているのがわかる。全体の売上高成長率の平均は4.8%であるのに対して，地域競争アリーナでは4.2%，全国競争アリーナでは6.8%，世界競争アリーナでは8.3%との結果を示した。

次に、この3つの競争アリーナの中の企業の成長状況に注目したところ、そこには顕著な違いがみられた。売上高成長率の上位3分の1を占める企業を高成長企業、下位3分の1を占める企業を低成長企業として分析した結果、競争アリーナごとに高成長企業と低成長企業が存在し、その成長の差はすべて統計上有意な違いであることがわかった。

地域競争アリーナでは、高成長企業が43社、低成長企業が44社存在し、全体の売上高成長率は4.2%である一方、高成長企業は10.1%、低成長企業は−0.7%で、双方の間に10ポイント以上の開きがみられた。

全国競争アリーナでは、高成長企業43社と低成長企業42社が競争する中で、全体の売上高成長率は6.8%であるのに対して、高成長企業は13.2%、低成長企業は1.0%で、ここでも約12ポイントの大きな差となった。

世界競争アリーナの高成長企業と低成長企業はそれぞれ12社で、全体の売上高成長率は8.3%、高成長企業は15.7%、低成長企業は0.9%で、その差は3つの競争アリーナ中で最も大きくなった。

市場の範囲が狭まっても、広がっても、必ずそこでは、大きく成長する企業と、残念ながら低迷する企業とに分かれていた。市場範囲が狭く、取り扱う商品が少なくても、成長する企業は確実に存在するのである。しかも、市場範囲の狭い地域競争アリーナの勝者（高成長企業）は、規模の大きな全国競争アリーナや世界競争アリーナで競争する敗者（低成長企業）よりも、大きく成長

図表1-5 3つの競争アリーナの高成長企業と低成長企業

	地域競争アリーナ（4.2%成長）				全国競争アリーナ（6.8%成長）				世界競争アリーナ（8.3%成長）			
	低成長企業(N=44)	高成長企業(N=43)	t値	有意確率	低成長企業(N=42)	高成長企業(N=43)	t値	有意確率	低成長企業(N=12)	高成長企業(N=12)	t値	有意確率
平均成長率(%)	-0.7	10.1	-12.0	0.000	1.0	13.2	-14.5	0.000	0.9	15.7	-11.6	0.000
標準偏差	2.5	5.3			2.4	5.0			2.6	3.6		

出所：江島（2017）

していた。

　会社の規模が小さくても，業歴が同じでも，市場範囲が狭くても，経営環境が厳しくても，同じ条件の中で，高成長企業と低成長企業が確実に存在するのである。

　儲からない理由を，景気や政府のせいにする経営者の話をよく聞く。もちろん，そういう側面もあるかもしれないが，それはどの企業にも平等に当てはまる一般環境要因ではないだろうか。厳しい環境下でも，利益を上げている企業も存在することを考えれば，儲からない理由はもっと他に，企業行動や組織のマネジメントにあると考えるほうが妥当といえるのではないだろうか。

　企業間の業績の差の要因を分析した1991年のRumeltの研究においても，企業が属する産業による要因はわずか8％にすぎず，46％が企業固有の事業によるものだと指摘され，その後の学会における議論も，企業全体や事業固有の要因が約半数を占め，産業要因は数パーセント程度であることを支持している。

4. 大きく成長する小さな会社

　前段では小さな会社の中でも，稼ぐ企業と稼げない企業が存在することを示した。一方，近年の国内外の研究から，稼ぐ企業の成長スピードは必ずしも一律でないことがわかってきている。そのきっかけとなったのは，英国のStorey教授らの発見であった[9]。

　教授らは英国北東部の新興企業を長期にわたり追跡調査をして，その結果，企業成長は均一ではないことを指摘した。1965年に設立された新規開業企業の10年後の雇用成長状況を分析したところ，生存企業の約4％が全体の雇用の約半数を創造していたことがわかった。つまり，新規雇用の約半分をわずか4％の企業が生み出していたのである。

　英国ではこの発見を契機に，成長可能性を秘めた中小企業の実態を分析する動きが活発化し，英国大手会計事務所が，成長上位10％の中小企業をThe Ten Percentersと呼びさらに注目を集めることになった。

筆者はこの成長中小企業の近年の状況について，日本と韓国で独自調査を実施し新たな発見事実を得ている。ここでは各調査の概要と分析結果を紹介するが，詳細はそれぞれの研究論文を参考にしていただきたい[10]。

4.1 日本の成長中小企業

筆者は日本の製造企業を対象に，2008年時点で企業年齢が概ね10年になる企業をランダムに抽出してその成長の実態を探った。言い換えると，同時に生まれた企業が10年の間にどの程度成長を遂げているのか，また，その成長スピードに違いはないのか，という点に注目した。分析に使用した成長の成果指標は雇用（従業員数）と売上高として，その10年間の増減を測定している。

まず，雇用については，企業設立時点で従業員数の平均は9.3人，10年後は16.2人で，平均約6人の雇用増がみられた。一方，最大196人の雇用を増やした企業や，逆に最小90人の雇用を減らした企業もあった。全体でみると，10年間で3,250人の雇用増がみられ，そのうち，雇用を増やした企業は340社，雇用に変化がなかった企業は84社，雇用を減らした企業は91社であった。

図表1－6は雇用創出の内訳を示している。見てわかるとおり，雇用増加数の多い上位12社（雇用数の増加50人以上）で1,102人の雇用が創出されている。企業数でみると全体の3.2%の企業が雇用全体の34%を生み出していた。また，

図表1－6　日本の設立10年企業の雇用創出の内訳

	企業数の割合	雇用増加数	増加数の割合
上位12社 （雇用数の増加50人以上）	3.2%	1102	33.9%
上位25社 （雇用数の増加30人以上）	4.8%	1593	49.0%
上位51社 （雇用数の増加20人以上）	10.1%	2220	68.3%
合計（515社）	100.0%	3250	100.0%

出所：江島（2010）

図表1－7　日本の設立10年企業の売上増加の内訳

	企業数の割合	売上増加額(千円)	増加額の割合
上位5社 （売上高の増加60億円以上）	1.0%	57,423,818	33.4%
上位14社 （売上高の増加19.9億円以上）	2.9%	87,511,148	50.9%
上位39社 （売上高の増加8億円以上）	8.0%	122,068,596	71.0%
合計（488社）	100.0%	171,927,600	100.0%

出所：江島（2010）

上位25社（雇用数の増加30人以上，全体の4.8%）で全体の約半数の雇用を生み出していることもわかる。ごく少数の成長中小企業が全体の雇用成長に大きく貢献していることが示された。

次に，売上高の成長状況について見る。分析の結果，企業設立時の平均売上高は約2億2千500万円，10年後は約5億9千万円，その間約3億5千万円以上の売上高の伸びを示し，売上高成長率[11]は4.8%であった。10年間で売上を伸ばした企業は407社，減らした企業は78社，ほぼ変化がなかった企業は3社であった。

設立10年企業の売上高増加額の内訳は図表1－7のとおりである。売上増加額60億円以上を占める上位5社（1%）で増加額全体の約3割を占めた。増加額19.9億円以上の上位14社（2.9%）では，全体の約半数を占めている。わずか3%の成長中小企業が全体の売上高の半分を創り出したことになる。このように雇用面と同様に，売上面においても，ごく少数の小さな企業が大きく成長に関わっていることがわかる。

日本の新規開業企業を調査した結果，10年間で生み出した雇用ならびに売上の約半数を，ごく少数の企業（雇用面では5%，売上面では3%）が創り出していたことがわかった。この結果は，英国東北部の新規開業企業の約4%が全体の雇用の約半数を創造しているとしたStorey教授らの発見事実を支持する結

果となった。成長はすべての企業から一律に生み出されるのではなく，ごく一部の成長中小企業によるものであることが改めて示されたといえよう。

4.2 韓国の成長中小企業

ここでは韓国ベンチャービジネス協会（Korean Venture Business Association: KOVA）の協力を得て筆者が2011年5月に実施したアンケート調査結果の一部を紹介したい。

具体的には，調査を通じて収集整理した企業データベースから，2000年，2001年，2002年に設立された企業年齢概ね10年の韓国企業を抽出してその雇用成長状況を分析している。その結果，企業設立時の平均従業員数は9人，10年後は37人で，平均約28人の雇用増がみられた。10年間で最も増えた企業の雇用増加数は360人，最も減少した企業の雇用減少数は12人であった。全体の雇用状況をみると，設立時は962人，10年後は4,140人，その間3,178人の雇用増がみられた。雇用が増えた企業は100社，雇用に変化がなかった企業は2社，雇用減の企業は10社であった。

図表1-8は雇用創出の内訳を表したものである。そこから見てわかるとおり，雇用増加数の多い上位5社（雇用数の増加114人以上）で965人の雇用が生み出され，それは企業数でみると全体の4.5％であった。つまり，わずか4.5％の企業で全体の30％の雇用が創出されていたことになる。また，上位11社（雇用数の増加80人以上，全体の9.8％）の雇用状況をみると，全体の約半数の雇用を生み出していることが明らかになった。韓国では，全体の1割の成長中小企業によって雇用の約半数が担われていたことになる。

この韓国での分析結果は，Storey教授らの発見（約4％の企業が半数の雇用創出）および日本における発見（約5％の企業が半数の雇用創出）よりは若干多いものの（約10％の企業が半数の雇用創出），成長は企業均一に遂げられるのではなく，ごく少数の中小企業に限られることが，改めて支持されたといえよう。

英国，日本，韓国ともに，企業が誕生した後の成長スピードやその規模は一律ではなく，ごく一部の成長中小企業の存在感が大きいことが実証分析を通じ

図表1－8　韓国の設立10年企業の雇用創出の内訳

	企業数の割合	雇用増加数	増加数の割合
上位5社 雇用数の増加114人以上	4.5%	965	30.4%
上位11社 雇用数の増加80人以上	9.8%	1556	49.0%
上位22社 雇用数の増加43人以上	19.6%	2183	68.7%
合計（112社）	100.0%	3178	100.0%

出所：江島・秋庭・金（2013）

てわかった。新規開業後10年の間に社会に創出された新たな雇用の約半数は，企業数で言えばわずか3～10％の企業によってもたらされていたのである。売上高の伸びについても同様で，全体のわずか3％の企業によって全体の約半分の売上増を可能にしていた。

4.3　ボーングローバル企業

　小さいながらも大きく成長する企業がある一方，生まれてすぐに世界で活躍する企業も存在する。それがボーングローバル企業[12]である。

　通常，国際経営学では企業が国際化するプロセスについて「段階説」が主張される。それは，企業が国境を超える際には，ステップ・バイ・ステップの行動を取るというものである。

　最初に企業が検討するのは，国内市場の飽和などを背景とする海外との輸出入取引である。次に，輸出入相手国の保護政策を避けるための摩擦回避型の投資で，続いてみられるのがコスト優位型の投資である。これは人件費，税金，為替等のコストの削減を目指すものだ。次の段階は，販売市場と生産拠点を同じ場所にして現地のニーズに合わせる市場立地型の投資である。そして，最後に考えるのがグローバル型で，世界を視野に入れた生産等の最適化である。

　これが典型的な企業の国際化の発展プロセスであるが，近年それと異なるパ

ターンがみられ注目を集めている。それは，会社設立の数年後，あるいは設立と同時に，輸出の摩擦回避を飛ばし，世界中の市場に活路を求めてコスト優位型の直接投資を始める，いわゆるボーングローバル企業の行動[13]である。

　ボーングローバル企業の発見はRennie（1993）の研究が起点になっている。それによると，オーストラリアの中小輸出企業を分析したところ，その約４分の１が平均創業２年の小さな会社で占められていることがわかった。さらに，その輸出額は売上高全体の大半を占めていた。こうした若い企業年齢，小さい規模，高い成長率を誇る企業は，オーストラリアの輸出総額の約20％を担っていると報告している。また，ボーングローバル企業はオーストラリアに限らず，特別な技術分野や業種に限らず，全世界，全業種で増えていると指摘する。

　その背景について，次の２点が指摘される。第一に，消費者選好の変化である。消費者の選好が，標準化製品から徐々に個別，カスタマイズ製品に転換している点があげられる。小さな企業は，大手企業よりも顧客の個別ニーズにきめ細かく，かつ迅速に適応しやすいため，海外のニッチ市場で大きなチャンスが生まれたと考えられる。

　第二に，技術革新である。従来は，大規模生産によるプロセスイノベーションが主流であったが，近年は進歩した技術により，小さな企業でも品質やコストの両面で大手企業と競争できるようになってきている。さらに，情報通信技術，国際コミュニケーションネットワーク，運輸手段の進展により，小さな企業の国際展開への障壁が低くなったと考えられる。

　これまで，企業は国内で事業活動を継続し，発展段階に達した後，海外事業を展開すると考えられていた。つまり，企業規模の大きさが海外進出の１つの条件となっていたのである。

　一方，ボーングローバル企業は生まれてすぐ海外展開をし，規模は小さい。必ずしも，規模の大きさは国際化の条件ではないことがわかってきた。世界市場の統合，情報通信技術の進歩，運輸手段の発展などにより，海外の情報を獲得することが比較的容易になったことで，大手企業の通信や運輸におけるかつての競争優位は低下し，小さな会社の国際化への道が近くなったことが背景に

あると考えられよう。

　筆者らが2011年に韓国のベンチャー企業を対象に実施した実証分析結果からも，ボーングローバル企業の存在が確認できている[14]。そこでは，創業間もない時期にすでに7割を超える小さな企業が国際市場へ製品サービスを供給（輸出）していた。また，輸出国も多岐にわたり8割の企業が複数の国に輸出し，10か国以上の国へ輸出している企業も2割あった。さらに，直接投資を実行している企業の約8割が，その投資を創業間もない時期に行っていた。輸出とともに創業間もない時期にリスクを取ってグローバル展開を図っていたのである。

　一方，ボーングローバル企業の事例として，琴坂将広氏は著書の中で，クイッパー（日本），フロント・ロウ・ソサエティ（ドイツ），ストランド・オブ・シルク（インド），ビジオ（アメリカ）などを取り上げて，世界的な価値連鎖を構築することで小さな会社でも国際的な活動が可能になってきていると主張している[15]。

　こうして複数の実証研究で，ボーングローバル企業の存在が報告され，小さな会社が大きくグローバル展開できる環境が徐々に整ってきていることがうかがえよう。

4.4　ユニコーン（一角獣）企業

　近年，ビジネス界で，非上場でありながら予想を遥かに超える勢いで企業価値を生み出す会社が注目を集めている。それは，めったに姿を見せない伝説の生き物になぞらえて，「ユニコーン（一角獣）企業」と呼ばれる。非上場で企業価値が10億ドル（約1,200億円）を超すベンチャー企業がその基準とされ，近年，米国と中国を中心に世界中に増え，逆に特別な存在でなくなりつつある。

　米調査会社CBインサイツならびにジャパンベンチャーリサーチの調べによると，世界には141社のユニコーン企業の存在が見られ，その企業価値の総額は，5,000億ドル（約60兆円）に達したとされる。トップは米国（3,100億ドル），2位が中国（1,130億ドル），3位がインド（250億ドル）と続く[16]。

例えば，ウーバー社（Uber，米国）は　オンデマンドによるタクシー配車を提供しているが，その企業価値は510億ドルにおよぶ。シャオミ社（Xiaomi，中国）はスマートフォンの販売などを手掛け，企業価値の総額は460億ドルに達する。同じように創業間もないエアビーアンドビー社（Airbnb，米国）は，個人の空き部屋をインターネットで仲介するeコマース事業を展開し，企業価値は255億ドルになる。その他，ビッグデータ分析やコンサルティングに従事するパランティール・テクノロジーズ社（Palantir Technologies，米国）は200億ドル，写真共有アプリを提供するスナップチャット社（Snapchat，米国）は160億ドルの企業価値を持つ。いずれも比較的若い会社である。

　上位の2社はいずれも企業価値が500億ドル（約6兆円）規模に達し，100億ドルを超える企業も13社存在する。業種別にはeコマース系の企業が31社で最も多いものの，金融とIT（情報技術）を融合した新しい事業形態としてのフィンテック系企業やヘルスケア関連企業も飛躍している。

　一方，日本にはユニコーン企業はあるのだろうか。残念ながらその存在は確認されていないが，企業価値が1億ドルを超える国内ベンチャー（バイオ系除く）10社はユニコーン企業の予備軍と捉えられている。

　例えば，スマートニュース社（Smart News）は，インターネット上のニュース記事を自動収集して閲覧するためのアプリを提供するが，その企業価値は3.42億ドルとされる。蓄電池メーカーのメディアエリーパワー社（ELIIY Power）は3.27億ドル，人工のクモ糸を開発するスパイバー社（Spiber）は2.76億ドル，クラウド会計ソフトのフリー社（freee）は2.50億ドルの規模である。

　その他，スマートフォンを使ったフリーマーケット運営を手掛けるメルカリ社（Mercari，2.09億ドル），自動家計簿サービスや企業向けクラウド会計ソフトを展開するマネーフォワード社（MoneyForward，1.46億ドル），ニュース配信アプリ「アンテナ」を運営するグライダーアソシエイツ社（GliderAssociates，1.27億ドル），インターネットで印刷業務を受託するラクスル社（Raksul，1.13億ドル），スマートフォンゲームの開発を行うアカツキ社（Akatsuki，1.12億ドル），法人向け弁当宅配サービス「ごちクル」を展開

するスターフェスティバル社（StarFestival，1.08億ドル）が占める。

　ユニコーン企業は，飛躍型企業（Exponential Organization：ExO）[17] とも言い換えられる。捉える視点が異なるだけで，ほぼ同様の概念といえよう。それは，生まれて間もない間に，指数関数のように加速度的に飛躍する企業のことを指す。進化する技術をベースにしながら，新たな組織運営の方法を用いて，競合他社より大きな価値を生み出す企業で，少なくとも10倍以上の価値を創出し従来の覇者を駆逐するのである。

　飛躍型企業の例としては，ユニコーン企業の事例としても取り上げたウーバー社やエアビーアンドビー社が挙げられる。野心的な変革目標を掲げて，新たな顧客価値を短期間に生み出す。グーグルが掲げた「世界中の情報を整理する」もその変革目標にあたる。ウーバー社の場合は，創業して約6年で企業価値の評価額が2兆円を超え，エアビーアンドビー社はハイアットホテルの評価額を超えた。

　飛躍型企業は，組織の外側になるSCALEを重視するとされる。それは，
　S（Staff on Demand：オンデマンド型の人材調達）
　C（Community & Cloud：コミュニティとクラウド）
　A（Algorithms：アルゴリズム）
　L（Leveraged Assets：外部資産の活用）
　E（Engagement：エンゲージメント）
である。同様に，飛躍型企業は，組織の内側にあるIDEASも重要視する。それは，
　I（Interface：インターフェース）
　D（Dashboard，ダッシュボード）
　E（Experimentation：実験）
　A（Autonomy：自律型組織）
　S（Social Technologies：ソーシャル技術）
である。

　ユニコーン企業も，飛躍型企業も共通して，小さな創業間もない会社が，想像を超えるスピードで急速に成長し，大手企業を駆逐する価値と影響力を鼓舞

する特徴があるといえよう。先に述べた，日本や韓国の成長中小企業にも相通じる特徴であるが，それ以上の急進的な力が秘められているといえるかもしれない。また，その存在と活躍が世界中で顕著になってきている点は注目に値しよう。小さな会社でも飛躍的に発展を遂げて，大きな力を発揮することができるのである。

5. 経済社会を支える小さな会社

　日本全国に中小企業は2014年ベースで3,809,228社存在する（第一次産業を除く会社数）。その割合は会社全体の99.7％を占める。そのうち，規模がさらに小さな小規模企業は3,252,254社存在して，全体の85.1％を占める。この傾向は1960年以降ほぼ変わらず，日本経済社会を支える屋台骨として，決して無視できない存在となっている[18]。

　小さな会社の元気度が，日本経済全体に与える影響は極めて大きいといえよう。こうした日本経済社会にとって重要な存在である小さな会社ではあるが，誕生や生き残りの実態は過酷で熾烈である。競争で淘汰されて設立10年で約6割強の企業が市場から退出している。生き残った3割強の企業も倒産のリスクと隣り合わせで事業に向き合う。そして，そこには，利益を生み出す企業と利益を生み出せない企業とが二極化して存在する。10年間で大きく成長する企業もいるが，それは全体の1割に満たない。これが，小さな会社の現実といえよう。

　日本にとってなくてはならない存在ではあるが，残念ながら力不足で苦戦しているようである。小さな会社はそもそも経営資源が潤沢でないため仕方がないことなのか。大手ほどはどうしても稼げないのか。データで見る限りそうした企業もいるが，しっかりと稼ぐ小さな企業も存在する。その力の格差は年々拡大しているようだが，それはいったい何に依拠しているのだろうか。

　小さいながらも大きく飛躍するボーングローバル企業や，ユニコーン企業の存在感も世界中で大きくなってきている。小さな会社は大きく突き抜けることはできないのか。何が，稼ぐ会社と稼げない会社を分けるのか。その境界には

いったい何があるのか。関心は尽きない。

　ビジネスが成功するには，経営理念やビジョン，競争戦略やビジネスモデル，人的資源やリーダーシップなど様々な経営要素が相互に作用する必要があることは言うまでもないことだろう。そのことは，経営学のテキストでも，ビジネスの実務書にも必ず紹介される。ただし，小さな会社にとっては，加えて重要なものがあるのではないだろうか。

　素晴らしい戦略，組織，資源が整ったとしても，それだけではビジネスが成功するとは限らない。そこには，それらを動かす組織のエンジンが必要となるのではないだろうか。しかも，それは頑丈な駆動力でないと，過酷な競争環境の中で小さな会社はすぐに故障してしまう可能性が高いだろう。次から次へと押し寄せる荒波をうまくさばきサーフィンのごとく動く能力が欠かせない。本書では，そのエンジン部分に相当する，スピード感と大胆な行動様式を伴う俊敏な戦略行動であるEOの効用とそれが機能する諸条件について検討を加えている。

　企業設立10年後に生き残っている企業は3割強しかいない。また，大きく成長する企業はその1割に満たない。その3割あるいは1割に入るためにも，EOの理解は欠かせないといえよう。次章では，まず本書の中心的なメッセージとなるEOについて考えてみたい。

■注
1）GEMの組織，調査方法，調査レポート，データ等については次のホームページを参照。
（http://www.gemconsortium.org/data/key-indicators）
2）Global Entrepreneurship Monitor 2014のGlobal Reportを参照。
（http://www.gemconsortium.org/report）.
3）2006年中小企業白書のデータを基に，生まれた会社全体を100とみて計算し直すと，生存は36社となる。このデータベースは，経済産業省の工業統計表の再編加工を用いている。なお，2011年ならびに2016年の中小企業白書では，創業後10年で7割弱，20年で約5割の生存率と報告している。これらの生存割合の違いは，調査の基になったデータベースの違い（2011年および2016年中小企業白書：（株）帝国データバンク「COSMOS2（企業概要

ファイル）」再編加工，2006年中小企業白書：工業統計表再編加工）によるもので，2011年ならびに2016年の中小企業白書には「データベース収録までに一定の時間を要するため，実際の生存率よりも高めに算出されている可能性がある」と記載されている（2011年中小企業白書：第３－１－１図，2016年中小企業白書：コラム２－６－２ ②図）。

4）Okamuro（2004）は，機械・金属産業集積内で新たに創業した企業の生存状況を分析している。そこでは，新規開業企業を３つの誕生期に分けて（①1980-1981, ②1981-1982, ③1982-1983）概ね５年の生存率を測定している。その結果，第１期の生存率は70.5%，第２期の生存率は59.5%，第３期67.8%，３期を平均すると65.9%と報告している。また，これら３期のコーホートを５年間（60か月）で按分した年平均の生存率は70.5%であることを示す。

5）Head and Kirchhoff（2009）を参照。

6）Cressy（1996）を参照。

7）国内外の中小企業やスタートアップ企業の生存率の測定結果ならびにその背景についての議論の詳細は，江島（2014）の第３章「創造的中小企業の生存要因」を参照のこと。

8）調査は，筆者が東京商工リサーチのTSR企業情報を利用して実施。企業のサンプリングは，まず，1997年，1998年，1999年に設立された製造企業のうち，2008年10月時点で存続が確認できた企業（設立10年企業）をランダムに5,200社抽出し，そこから重複企業や住所などに不備のある企業を除き，5,054社に調査対象を絞った。その上で，経営トップを回答者として指定して郵送アンケート調査票を送付。有効回収数は572社，有効回収率は11.3%であった。本調査結果の詳細は江島（2017）を参照のこと。

9）Storey（1985）ならびにStorey, et al., （1987）を参照のこと。

10）江島（2010）ならびに江島・秋庭・金（2013）に詳細分析を掲載している。

11）売上高成長率 $= \dfrac{\log S_t - \log S_{t-a}}{a} \times 100$（%）。$S_t$は調査年の売上高，$S_{t-a}$は調査年から企業年齢$a$年前の売上高を指す。

12）Oviatt and McDougall（1994）の研究では，類似する経営現象だがボーン・グローバル企業とは表現せず，国際ニュー・ベンチャーと呼んでいる。創業時から複数の国の資源（原材料，ヒト，資金，時間など）を用いて，複数の国で製品・サービスを販売し競争優位を追求する企業と定義している。

13）この行動の駆動力はどこにあるのか。それがEOやIEOにあることがわかってきている。詳細は「第２章　EOとは」を参照のこと。

14）調査分析結果の詳細は，江島・秋庭・金（2013）を参照のこと。

15）琴坂（2014）のpp. 250-256を参照のこと。

16）「4.4 ユニコーン（一角獣）企業」の詳細は，日本経済新聞社の『世界で台頭　巨大ベンチャー「ユニコーン」勢力図』（http://vdata.nikkei.com/prj2/ni2015-globalunicorn/）を参考にした（2016.9.6時点）。

17）イスマイル・マローン・ギースト（2015）を参照のこと。

18）各年の中小企業白書を参照。

第2章

企業家的志向性(EO)とは

EO研究は約30年の間に急速に発展を遂げた。それは，EOが企業の存続と成長に直結する重要な概念であるためである。では，そもそもEOとはどのような概念なのか。その発展の経緯と現時点でわかっていることは何か。逆に，いまだ不明な点とは何か。実践経営にも直結するEOの基本概念について，ここではその理解を深めたい。

1. 概　　念

　EOとは英語で「Entrepreneurial Orientation」、日本語では「企業家的志向性」と訳されることが多い。守る姿勢とは真逆の攻める姿勢を想起させる概念である。EOは、もともと狭義には1つの主要事業で構成される小さな組織の戦略姿勢の一形態として、戦略形成プロセスで重要な役割を果たすことで注目を集めた。

　1980年代のアメリカで、いわゆるベンチャー企業の登場が米国経済再生の原動力となったと言われた頃、「Entrepreneur（企業家）」や「Entrepreneurship（アントレプレナーシップ／企業家活動）」という概念が脚光を浴びた。

　当時は大企業からリストラされた人々や、ITといった新しい分野で起業する人々が次々登場し、そうした新興企業の活動が産業の新陳代謝を促していった時代であった。米国西海岸のシリコンバレーに代表されるその現象は世界で認知されることになる。

　しかし、当時の注目はあくまでも個人としての企業家であり、その活動プロセスとしての企業家活動であった。その後、中小企業や大企業など組織の中での新事業開発の重要性が、経営現場、学会[1]、政府などから認知され、想起され、個人としての企業家活動とともに、組織としてのEOの研究が広がり現在に至っている。

　EOのEにあたるEntrepreneurial（企業家的）とは、Entrepreneurship（企業家活動）」と同義だが、それは、Timmons教授の定義に従うと、「経営資源の多少にかかわらず新たな起業機会を創造あるいは発見し、そこから価値を生み出す組織あるいは個人レベルの活動プロセス」とされる[2]。起業機会や事業機会の探索や発見を重要な起点として、そのために必要となる資源の新たな組み合わせや事業創造に向けた活動プロセスの重要性を強調する。

　オーストリア学派に従うと、それは「事業機会を探索し認識する中で、資源を新結合させながら認識した機会を活用していく活動プロセス」と捉えられ

る[3]。また，その成否は，「事業機会の探索・発見・認識と事業機会の適切な利用・活用の2点を軸にしたマネジメントプロセスに依拠する」とされる[4]。

一方，Entrepreneurship（企業家活動）の本質に焦点をあてて企業の成長との関係について言及しているのがStevenson教授らの一連の研究である。そこでは，企業家活動による成長の考え方について，資源をベースに捉える視点（資源ベース型マネジメント）と機会をベースに捉える視点（機会ベース型マネジメント）から議論され，その本質を機会ベースのマネジメントの実践（opportunity-based management practice）と主張する[5]。

また，いずれの主張においても，その前提には企業家や組織が直面する新たな事業に対する不確実性が存在し，そこから生まれる企業家レントを追求する行動やプロセスを企業家活動として捉えていることがわかる。なお，ここで言う企業家レントとは，組織が資源を獲得し組み合わせるために必要な事前のコストと，そうした資源を組み合わせて生まれる事後の価値との差を示す（Rumelt, 1987）。

EOは企業家的（Entrepreneurial）な志向性（Orientation）を表す概念である。企業行動学的アプローチからみた企業家活動に依拠して提唱されてきた概念である[6]。「企業家的とは」「あの人や組織は企業家的か」「企業家的であるには何が必要か」。こうした疑問への解もEO概念に含まれている。

EOとは何か。その構成要素は後述するが，Entrepreneurship（アントレプレナーシップ／企業家活動）の概念も含めて学会でのEOの含意を検討すると，それは，主に小さな組織が，新たに製品市場へ参入する中で事業機会の探索と活用を起点とし，そこから新たな価値を生み出す戦略行動の型と定義できよう。

実践経営面から言い換えると，EOは小さな会社が企業家活動を通じて，経営成果を高める戦略エンジンと捉えられる。その本質は，守りではなく攻め，分析より行動，既存より新規という，経営トップと一体化した組織の主体的な戦略の行動様式にある。EOは，次から次へと押し寄せる環境変化という荒波を，先手を打ってさばくサーフィンのような能力を発揮し，通常，スピード感と大胆な行動を伴う。

第 2 章　企業家的志向性 (EO) とは　43

　1980年代のアメリカ経済再生の鍵とも直結したため，EOは一層注目されたといえよう。学会における企業家活動の研究への注目からはやや遅れるものの，EO研究は1980年代後半から急速に報告が増えてきた。

　それでは，EO研究はこれまで，どのように発展を遂げてきたのであろうか。以下，その変遷についてみていく。

2. EO研究の変遷

　EOとはもともと企業の戦略形成プロセスの中で発展してきた概念であり，その源流はマギル大学の教授陣の研究にある。その代表的な研究は，Khandwalla (1972), Mintzberg (1973), Miller (1983) の著書にみられる。

　彼らはEOの概念に言及して，それは「企業家活動の本質につながる行動様式，経営哲学，戦略決定の実践」と主張している。これらを起点にEOは発展を遂げていくが，最初に「EO」という言葉が使用されたのは，1985年の全米経営学会 (AoM: Academy of Management) で，J. CovinとJ. Prescottによる研究報告であった。

　その後，1987年にM. MorrisとG. PaulがJournal of Business VenturingにEOの概念を用いた論文を初めて公刊した。そして，その数年後に，EOが学会において脚光を浴びる契機となった論文が発表される。それは，1991年の学術誌Entrepreneurship Theory & Practice (ET&P) に掲載されたJ. CovinとD. Slevinの論文であった。

　これはET&Pの編集委員の投票で決まる年間最優秀論文に選ばれ，ここで，世界の「Entrepreneurship (アントレプレナーシップ／企業家活動)」研究の中で，「EO研究」の意義と功績が広く認知されることになったのである。

　一方，こうしたEO研究の広がりに関わるマイルストーンとは別に，EO研究の質も確実に進化している。その原点は前述したKhandwalla (1972) とMintzberg (1973) の流れを受けて発表された1983年のD. Millerの論文であった。そして，その概念を発展させたのがJ. CovinとD. Slevinの1989年と1991年

の論文で，これまで多くの引用が確認され影響力の大きいEO概念と実証研究成果であると，複数のレビュー論文で評価が定着している[7]。

特に，今日のEO研究の中核となっているのが，J. CovinとD. Slevinの1989年の論文であるが，そこでは「EO」という表現は用いておらず，同じ概念ではあるが，よりその意味が厳格で鮮明な，「Entrepreneurial Strategic Posture (ESP)」（企業家的戦略姿勢）が使用されている。企業の戦略形成プロセスにおける，戦略面における企業家的な姿勢と行動が強調されていることがわかる。1983年のD. Miller論文も同様の考え方を共有しており，これらを統一して，Miller/Covinモデルと呼ぶことがある。それは，Danny MillerとJeff. G. Covin等の一連のEO研究の議論を起点に，学会で形成されてきた主流のEOモデルを示す。その基本概念，構成要素，尺度，サーベイ質問項目などは学会におけるEO研究の中心を成してきた。

J. CovinとD. Slevinの1989年の論文で注目を集めた「Entrepreneurial Strategic Posture (ESP)」は，Miles and Snowが1978年の書籍で提唱した4つの戦略型経営[8]の中の探索型戦略とオーバーラップする概念としても捉えられている。その意味においても，EOとは「Entrepreneurial Orientation（企業家的志向性）」というよりも，本質的には「Entrepreneurial Strategic Orientation（企業家的戦略志向性）」あるいは「Entrepreneurial Strategic Posture (ESP)」（企業家的戦略姿勢）に近い概念として捉えるほうが適切かもしれない。ただし，本書では，これらの意味をすべて包含して，学会で最も認知されている表現としての「EO：Entrepreneurial Orientation（企業家的志向性）」を便宜的に用いることとする。

3. 2つのEO構成概念

EO研究の発展プロセスの中で，Miller/Covin モデルが議論の中核となっていたことは事実であるが，それとはやや異なるEOの構成概念を用いて，企業家活動のメカニズムや企業の業績／経営成果を分析するグループが現れ，学会

で議論となった。今日でもそのEO概念を用いた研究は多々みられる。それは，T. LumpkinとG. Dessらによる概念の提唱に始まる[9]。それをここではLumpkin/Dessモデルと呼ぶこととする。それでは，この2つのEO概念の違いはどこにあるのだろうか。

Miller/Covin モデルは，EOを3つのサブ概念が反映された単一概念（unidimensional）と捉える。そして，それぞれのサブ概念が反映され同時に表出される単体の潜在変数と捉えられている（reflective measurement／反射的尺度）。ある組織が企業家的であるためには，これら3つのサブ概念がトータルとして共有され一様に表出される必要があった。

それに対してLumpkin/Dessモデルは，EOを5つのサブ概念それぞれで構成される多面的概念（multidimensional）として捉えた。組織によってどのサブ概念が表出しても，その組織は企業家的であるとみる。さらに，Lumpkin/Dessモデルでは，EOを個人レベルにも当てはめて概念定義しているのに対して，Miller/Covin モデルは，あくまでも組織レベルでEOを扱っている。

以下にMiller/Covin モデルの3つのサブ概念ならびにLumpkin/Dessモデルの5つのサブ概念を示すが，その中身には共通する要素もあるが異なる要素もみられる。言い換えると，この2つのEO概念は，企業家活動を促す志向性という役割面では類似するものの，片方は組織のEO，もう一方は個人のEOで分析単位が異なり，また概念の中身もその表出の仕方（したがって，実証分析での操作化や構成尺度）も異なる。これらは，明確に次元の異なる2つのEO概念であるといえ，J. CovinやT. Lumpkinもそのように認識し，EO研究の枠組みと，その実証分析の方法と解釈には留意すべきだと主張する[10]。ここでは，Miller/Covin モデルの3つのサブ概念を中心に，その後提唱されたLumpkin/Dessモデルの，新たに追加された2つのサブ概念について解説する。

Miller/Covin モデルが提唱するEOの3つのサブ概念とは，革新性（innovativeness），先駆性（proactiveness），リスク負荷（risk-taking）である。革新性とは，これまでにない事業アイディア，創造的な事業プロセス，技術的なリーダーシップを積極的に発揮・導入することを通じて，新たな事業機会の

開拓や新製品市場への進出に向かう志向性を指す。すなわち，既存の技術水準や事業モデルには満足せず，新たな組み合わせによって新領域に果敢に挑戦する戦略行動であり，そのプロセスを実現する能力も含む。

先駆性とは，マーケティング戦略や製品開発プロセスにおいて迅速に行動して競争相手より先に手を打ち優位に立とうとする行動姿勢を指す。競合相手が新たな製品市場に進出してくる前に主導権をとって先に事業機会を抑えて支配的な状況を作り出す行動といえる。また，将来のユーザーのウォンツやニーズを戦略的に探索する姿勢や行動が際立つ。

リスク負荷とは，不確実性は高いが将来のリターンの大きな事業に対して多くの経営資源を投入して，市場で戦う行動姿勢を示す。しかし，こうした高い事業リスクは往々にして緻密かつ冷静に計算されたリスクであり，周りが想定するリスクの水準と当該組織が負う実際のリスクとには乖離がある場合が多いとされる。ただし，大きなリターンを期待するために取るリスクであることには間違いなく，緻密に計算されていたとしても予期せぬ事象が事業の遂行に大きな障害を与えることはあり，それに対する組織としての危機認識は持つことになる。

これら3つのサブ概念に対して，Lumpkin/Dessモデルは，さらに2つを加えている。1つは，競争的攻撃性（competitive aggressiveness）でもう1つは自律性（autonomy）である。彼らはEOが表出される条件として，これら5つの要素が同時に機能する必要はないとしている。5つの諸要素のそれぞれが個別にその機能を発揮することが重要であるとする。一方，この追加された2つのEOのサブ概念について，その攻撃性や自律性が顕著である組織に対して，その企業は真に企業家的であるのか，という批判もある[11]。

1991年に提唱されたLumpkin/DessモデルのEOの概念定義では，「EOとは，企業家活動の本質である新参入（new entry）を導くプロセス，実践，意思決定活動」と主張している。したがって，競争的攻撃性や自律性も新参入を導く要因でありEOの構成要素になり得る。つまり，Lumpkin/DessモデルではEOは，複数の因子が反映された尺度ではなく，先行諸要因（antecedents）から

成り立つ因果型の尺度（formative measurement／形成的尺度）として位置付けられているのである。そう考えると，新参入を促す要素が，彼らが主張する5つ以外にもあれば，それらもEOを構成する要素と捉えられ，結果，EOの構成概念の定義が定まらなくなってしまうのである。

一方，Miller/Covin モデルでは，3つのサブ概念はEOという潜在変数に反映されて表出され（reflective measurement／反射的尺度），ダイナミックな新参入という行為やそのプロセスもサブ概念にすでに含まれている。言い換えると，EOの構成概念は企業家活動の概念ともオーバーラップするのである。また，新参入については，製品・サービス市場における新たな製品の投入に限定している点にも注目したい。

欧米を中心とする近年の研究成果をみると，EOは概ね3つのサブ概念を起点としたMiller/Covin モデルに定着してきている。そのことは，51の海外ジャーナルに掲載された企業家活動に関わる実証研究を用いて実施したRauch et al.（2009）のメタ分析成果からも支持されている。

同様に，Wales, Gupta and Mousa（2013）のEOレビュー研究においても，2004年以降急速に，Lumpkin/Dessモデルを用いた多面的にEOを捉える実証分析が増えているとしつつも，依然としてEOを単一概念として捉えて分析するMiller/Covinモデルが主流であることが示されている。2010年時点で収集した158のEO実証研究論文のうち，123の論文が単一概念のEOを採用していた。

単一概念としてのEOと多面的な概念としてのEOは2つの次元の異なるドメインとして認識した上で，分析枠組みと実証する経営現象の特性に応じて，適宜使い分けて分析と解釈を行う必要があるといえよう。

本書においては，原則，Miller/Covin モデルに基づくEOを用いている。ただし，Miller/Covin モデルの課題についても学会において指摘されており，本書では，そうした点にも触れながらEOの改善について後段（第8章）で言及するつもりである。

近年，EO概念は広く応用がみられる。マネジメント分野から派生して，マーケティング分野[12]，非営利組織分野[13]，観光分野[14]まで広く，組織や

チーム,個人やリーダーの姿勢が,活動結果とどのように関わるのか,EOの役割に注目が集まっている。また,組織の国際化を促す概念としてEOを援用したInternational Entrepreneurial Orientation：IEO（国際企業家的志向性）へも関心の広がりをみせている。

企業の国際化を規定する要因としてIEOの重要性が主張されるが,それは従来のEOとIEOとどう違うのか,明確な区分に注目した分析は少ない[15]。EOの行動様式にも国境を超えるなど,新参入の要素が包含されることは先に述べたとおりだが,そう考えると,IEOとの違いはほぼないと捉えられる。単に「国際」というコンテキストの違いのみになる。

一方,それが,国や地域の異なる文化や習慣を踏まえる必要性が強調されると,IEOはEOとは異なる要素で構成される新しい概念となり,IEO研究のさらなる進展が期待されるだろう。いずれにせよ,EOとは新参入を通じた事業機会の探索や活用を起点に,組織の行動様式とその活動プロセスに注目するため,各方面／分野での応用がみられるといえよう。

実証研究を行うに際して,EOの構成尺度を規定する調査項目を検討する必要があるが,Miller/Covinモデルでは,革新性,先駆性,リスク負荷,それぞれの概念に対して3つの具体的な調査項目を設けて質問票が構成されている。その尺度の信頼性や妥当性については,海外において検証され広く用いられている。

図表2－1はMiller/CovinのEOモデルの調査票を日本語にしたものである。J. CovinとD. Slevinの1989年の英語論文がその起源となっている。この日本語訳は,英語の原典に忠実に,英語に通じた日本語を母国語とする者がまず日本語に訳し,それを,日本語の翻訳を専門とする英語を母国語とする者が英語に訳し返し（back translation）,これを繰り返しながら翻訳の精度を高めている。その結果が,図表2－1に示したEO調査票の原型である。第3章で分析する8つの大規模調査で用いた調査票はこれに基づいている[16]。

世界では,EOについて実証研究が行われる際,分析枠組みにより多少の編集はあるものの,この調査票がプロトタイプとなり,調査分析が進められてい

るのが実態と言っても過言ではないだろう。

図表2-1　EO調査票の原型

A	Aに近い	どちらともいえない	Bに近い	B
1．全般的に，経営陣は既に信頼を得ている製品・サービスのマーケティングに力点を置くことを好む	1　2	3	4　5	全般的に，経営陣は研究開発，技術面でのリーダーシップ，イノベーションに力点を置くことを好む
2．過去3年間で新たな種類の製品・サービスを市場に投入していない	1　2	3	4　5	過去3年間で新たな種類の製品・サービスを非常に多く市場に投入した
3．過去3年間で市場に投入した製品・サービスの種類の変化はとても軽微なものであった	1　2	3	4　5	過去3年間で市場に投入した製品・サービスの種類の変化は常にとても劇的なものであった
4．競争相手への対処に関して，当社は，通常，相手が主導する動きに反応する	1　2	3	4　5	競争相手への対処に関して，当社は，通常，主導的に動き，相手が我々の行動に反応する
5．競争相手への対処に関して，当社は，新製品・サービス，管理手法，生産手法等を最初に導入したことはない	1　2	3	4　5	競争相手への対処に関して，当社は，新製品・サービス，管理手法，生産手法等を最初に導入することがとても多い
6．競争相手への対処に関して，当社は，通常，競争的な衝突は避け，共存共栄の姿勢をとる	1　2	3	4　5	競争相手への対処に関して，当社は，通常，非常に競争的で，相手を弱体化させる姿勢をとる

7．全般的に，経営陣は標準的で確実にリターンのある，リスクの低いプロジェクトへ向かう傾向にある	1	2	3	4	5	全般的に，経営陣はとても高いリターンのある，リスクの高いプロジェクトへ向かう傾向にある
8．全般的に，経営陣は，事業環境の探索は，その性質から慎重で徐々に進める態度が最善だと信じている	1	2	3	4	5	全般的に，経営陣は会社の目的を達成するために，事業環境の性質から大胆で広範な行動が必要と考える
9．不確実性を伴う状況で決断を迫られた時，当社は通常，高くつく決定を最小化するため，注意深く「様子見」の姿勢をとる	1	2	3	4	5	不確実性を伴う状況で決断を迫られた時，当社は通常，潜在的な機会の活用を最大化するため，大胆で攻撃的な姿勢をとる

※1-3は革新性（innovativeness），4-6は先駆性（proactiveness），7-9はリスク負荷（risk-taking）を指す。
出所：Covin and Slevin（1989）を筆者が加工

4. EO研究の論点

　過去30年の間に急速に発展をみせたEO研究ではあるが，現在，どこまでその解明が進んでいるのだろうか。EO研究の全体を俯瞰した場合，これまで何がわかり，何が不明なのか。ここでは，その2点に焦点をあて，①EOについてすでにわかっている研究蓄積の厚い点と，②いまだわかっていない研究蓄積の不足している点について整理したい。
　欧米諸国を中心とするこれまでのEO研究を振り返ると，EOと企業業績／経営成果との関係については，否定的な見解はほぼなく，その肯定的な関係が世界的に認知されている。新製品の開発やサービス市場への参入を，革新性，先駆性，リスク負荷というEOの行動姿勢で取り組むことにより，業績にプラス

に働くことが多くの研究から実証されている（「EO→業績」の関係[17]）。

しかし，この「EO→業績」の関係は常に一定なのだろうか。ある条件下ではその関係が強まり，ある条件下では弱まったりするのではないだろうか。いわゆる「EO→業績」が機能するコンテキストあるいは諸条件の研究は，盛んではあるが，学会でまだ統一的な見解があるとは言い切れない（「EO→業績」の関係を左右する諸条件[18]）。

その中でも長年研究がなされながらも，実証分析の結果が分かれているのが，組織を取り巻く事業環境の良し悪しがEOと業績に与える影響の研究である（「事業環境とEOと業績」の関係[19]）。過酷な事業環境下でEOは表出され効果を発揮するのか。学会においていまだ結論は定まっていない。

さらに，これまでの研究蓄積が最も希薄であるのが，EO表出の先行条件の研究である。何がEOを育むのか。EOを強めたり，弱めたりする先行的な諸条件とはいったい何か（EOの先行条件）。これは研究課題として残ったままである。

一方で，学会において議論が続いているとはいえ，多くの実証研究から様々な発見事実や知見も生まれている。

例えば，WalesらのレビュIー研究によると，EOと業績の関係を強めたり弱めたりする条件になる触媒要因と媒介要因の実証研究も少しずつではあるが活発化していることが示されている。中心となる事業環境要因の他にも，国・地域に固有の文化的要因や組織内部のマネジメントに関わるリーダーシップや戦略などの諸要因が触媒や媒介となり，業績に影響を与えていることがわかってきている（図表2-2，図表2-3を参照）。

さらに，近年，特に研究が求められているのがEOの先行要因の実証分析であるが，これについても皆無というわけではない。図表2-4に示したとおり，Walesらが分析した既存のEO研究からも，CEOや経営トップの特質や外部とのネットワークなどがEO表出に影響を与えることを示している（図表2-4を参照）。

本書の実証研究からもEOの触媒要因，媒介要因，先行要因を導出しており，

第6章のEOのメカニズムで6つの命題として提起している。

図表2-2　EOと経営成果の触媒要因

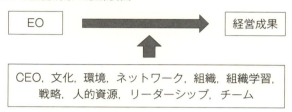

出所：Wales et al. (2013), p.367.

図表2-3　EOと経営成果の媒介要因

出所：Wales et al. (2013), p.369.

図表2-4　EOの先行要因

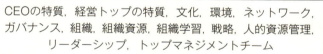

出所：Wales et al. (2013), p.372.

　ここまで提示した研究課題は欧米を中心とするEO研究の蓄積に基づくもので、その方法論は、主にEOの機能を大量データから幾何学的に解明しようとするアプローチであった（定量アプローチ）。それに対して、現在、注目されているのがEOの現象面に深くスポットライトを当てて、そのインサイトを捉えるアプローチである（定性アプローチ）。

　それは、EOのメカニズムの解明に役立つことが期待されている。大量のデータ分析からは捉えにくい、隠れた因子を抽出したり、因子間の密接な関係

の意味を読み解くなど，精緻な洞察力を必要とする定性的アプローチが有効と考えられている。また，何より，実践経営で使える道具としての，本質的な示唆が与えられる可能性が高まるだろう。こうした定性的な方法論を取り入れた研究も少しずつ報告されているが，いまだその蓄積は薄いといえる[20]。

さらに，EO研究は欧米諸国を中心に発展してきたため，アジア諸国，中でも日本においては未開拓であった。欧米諸国と同様の現象と効果がみられるのか。地域や文化を超えたEO概念の一般化と境界条件の探求は残されたままである。以上，これまでのEO研究の蓄積状況をまとめると次のようになる。

〈研究蓄積の厚い点〉
① EOは企業業績を高めるのか：「EO→業績」
② 定量アプローチ

〈研究蓄積の不足している点〉
① EOが高業績を生む条件とは：「EO→業績の関係を左右する諸条件」
② 過酷な事業環境下でEOは高業績を生むのか：「事業環境とEOと業績」
③ 何がEOを育むのか：「EOの先行条件」
④ 定性アプローチ
⑤ 日本をフィールドとしたEO研究

本書では，「EO→業績」，「EO→業績の関係を左右する諸条件」，「事業環境とEOと業績」，「EOの先行条件」を中心に据えて，日本のデータならびに事例を駆使してEOメカニズムの解明に迫りたい。中でも，全体を通じて「危機からの回復」に焦点を当てる。具体的には，「EOは危機に有効な武器となるのか」「その場合の条件とは何か」。また，「何がEOを育むのか」「EOが育まれやすい条件とは何か」という研究課題に基づき実証分析を行う。次章では，まず小さな会社のEOの力を，8つの大規模調査を用いて測定し検証していく。

■注
1）本書で言及する学会とは，特別の理由がない限り主に海外の学会を指し，それは，経営学やアントレプレナーシップ（企業家活動）に関わる世界最高峰とされる，Academy of Management（AoM），Strategic Management Society（SMS），Babson Conference of Entrepreneurship Research Conference（BCERC）を中心にとらえている。
2）Timmons（1994）を参照。
3）Kirzner（1973）を参照。
4）Shane and Venkataraman（2000）を参照。
5）Stevenson and Jarillo（1990），Brown, Davidsson and Wiklund（2001）を参照。
6）Gartner（1988）を参照。
7）例えば，Rauch, Wiklund, Lumpkin and Frese（2009）やRosenbusch, Rauch and Bausch（2013）を参照。
8）Miles and Snow（1978）は4つの戦略類型を提唱する。1つ目は防衛型戦略（defender）。このタイプの戦略を志向する組織は狭い市場領域で高い専門性を持つ経営トップによって導かれるとし，新たな領域へ事業探索することはなく，既存の業務の効率化に最大の関心を注ぐとされる。2つ目は探索型戦略（prospector）。この戦略を志向する組織は常に新たな市場機会を求めて深耕するとともに，その結果生じる環境変化に適応できる体制が整っているとされる。また，組織の関心事は新製品や新市場の開拓にあるため，業務・組織の効率化への期待は薄いとされる。3つ目は分析型戦略（analyzer）。このタイプを採用する組織は2つの事業領域を設定して同時にそれらを運営するとされる。1つ目の事業領域は比較的安定したドメインで，そこでは公式な機構とプロセスを通じて日常的な業務が効率的に遂行される。もう一方の事業領域は，やや不確実なドメインで経営トップが自らのアイディアを競合企業や市場状況を十分に踏まえながら実施するスタイルである。4つ目は受身型戦略（reactor）。このタイプを採用する組織は経営環境の変化に気づくことはあっても効果的に適宜対応することはない。このタイプの組織は一貫した戦略と組織の適応性を欠いているため，環境変化が実際に組織に大きな影響を与えるまで組織的な対応をすることは稀であるとされる。
9）起点となった論文は，Lumpkin and Dess（1996），Lumpkin and Dess（2001），Lumpkin, Claudia, Cogliser and Schneider（2009）である。
10）Covin and Lumpkin（2011）を参照。
11）Morris, Coombes, Allen and Schindehutte（2007）を参照。
12）Matsuno, Mentzer and Özsomer（2002）を参照。
13）Morris, Webb and Franklin（2011）を参照。
14）Roxas and Chadee（2013）を参照。
15）Covin and Miller（2013）を参照。
16）各調査では紙面の理由等から表現に微修正を施している。ただし，その場合も原典となる英語表現と翻訳された日本語表現の確認作業は随時，英語に通じる日本語を母国語とす

る者と，日本語の翻訳を専門とする英語を母国語とする者とで行っている。
17) 例えば，次の先行研究があげられる。Rauch, Wiklund, Lumpkin and Frese (2009), Wiklund (1999), Madsen (2007), Gupta and Gupta (2014)。
18) 例えば，次の先行研究があげられる。Green, Covin and Slevin (2008), 江島 (2011), Wiklund and Shepherd (2003a, 2003b, 2005), Lee, Lee. and Pennings (2001)
19) 例えば，次の先行研究があげられる。Covin and Slevin (1989), Lumpkin and Dess (1996), Zahra and Covin (1995)
20) EO研究に限らずアントレプレナーシップ（企業家活動）研究で質的分析手法への期待は高まっている。Journal of Business Venturingの2015年Vol.30ではアントレプレナーシップ（企業家活動）の質的研究手法に関わる特集号を組むなど世界的にも注目されているところである。

第3章

EOの力を測定

8つの大規模調査を実施した結果，ほぼすべての調査で小さな会社の稼ぐ力の源泉がEOに深く関わっていることがわかった。より正確には「高成果企業⇒高EO」と「高EO企業⇒競争優位」ならびに「低成果企業⇒低EO」と「低EO企業⇒競争劣位」であることが判明した。仮に，経営成果をライバル企業との比較競争における業績の優劣においた場合，「高EO企業＝高成果企業」ならびに「低EO企業＝低成果企業」が成立する。

1. 分析のねらい

　ここでは，日本をフィールドとして実施した8つの大規模調査に基づく企業家的志向性（EO）の力を分析する。小さな企業の経営成果にEOは本当に影響を与えているのか。定量分析を通じてその解を探った。

　欧米諸国の研究では，EOと中小企業の経営成果はプラスの関係にあることを強調するが，日本にも当てはまるのだろうか。これまで，日本における実証研究は皆無に近かった。以下では，筆者らが2007年から2015年の間に8回実施した中小企業を対象とした大規模郵送アンケート調査の分析結果から，「EOと経営成果の関係」に絞りその傾向を分析している。異なる母集団で，異なる時期に，複数回実施した大規模調査の結果をみることで，日本におけるEOの力，すなわち「EO→業績」の因果の可能性を探ってみた。

　EOの力を公平に測定するために，まず，EOの構成尺度ならびに調査項目について8つの調査ですべて統一した。具体的には，第2章で述べた学会で主流となりつつある単一概念のMiller/CovinのEOモデルを採用し，9つの因子すべてを加味したEO尺度を用いて分析にあたった[1]。また，EOの力を測定するために，4つの経営成果の指標（performance indicators）を設定した。それらは，利益と売上に関わるそれぞれ2つの指標からなる。

　具体的には，①利益面からみた競争優位性：業界内の競合他社と比較した過去3年間の経常利益の対売上高比率（7段階のリッカートスケール），②利益率：過去3年間の経常利益の対売上高比率（年率：％），③売上高からみた競争優位性：業界内の競合他社と比較した過去3年間の売上高伸び率（7段階のリッカートスケール），④売上高の伸び：過去3年間の売上高伸び率（年率：％）とした[2]。

　次にEOの力をより鮮明に測定するために，これら4つの経営成果指標を高成果企業グループと低成果企業グループの2つに分けてEOの違いを分析した。4つの経営成果指標の高低を軸にした2分割に際しては，正規分布を確認した

上で，平均値から標準偏差＋/－1を分割点としてその両端のグループを経営成果の高低企業とした。なお，サンプル数の希少性の問題から分析困難と判断した場合は，次善策として全体分布を3等分しその両端グループを経営成果の高低企業とした。高成果企業と低成果企業のEO水準の違いは，探索型リサーチの趣旨から10％水準基準でt検定により統計上の有意性を判定している。次に，各調査の概要について述べる。

2. 分析対象企業のデモグラフィー

図表3－1に8つの調査の概要ならびに分析対象とした企業のデモグラフィーを示している[3]。すべて中小企業を対象とした調査であるが，その母集団は政府による公的な認定を受けた中小企業グループ（調査①，調査②，調査④，調査⑥）と日本を代表する民間の企業データバンクから抽出した中小企業グループとなっている（調査③，調査⑤，調査⑦，調査⑧）。調査対象業種は，各調査によってやや異なるものの，製造業，情報処理サービス業，小売業，卸売業，サービス業，ICTなど多岐にわたる。

売上高規模（年商）の平均は各調査によりやや異なり，10億円前後（調査①，調査②，調査④，調査⑥，調査⑧）の小規模な調査グループから，20億円から60億円弱（調査③，調査⑤，調査⑦）の売上規模の大きな調査グループまでカバーしている。年商規模の比較的小さな調査グループには，政府が認定した企業グループが多く含まれているのが特徴的であった[4]。従業員規模については，すべての調査でそれほど差はなく，最も少ないのが調査③の16人，最も多いのが調査⑤の75人で，平均すると45人規模の企業となる。企業が設立されてからの企業年齢は，調査③の10年企業が最年少企業群で，それ以外はさほど違いはなく，平均すると企業年齢は30年程度となる。

8つの調査の分析対象企業は母集団や企業規模もそれぞれ異なるとはいえ，すべて中小企業基本法で定める中小企業の定義内に収まり，平均従業員数は45人，企業年齢は30年程度の小さな企業が対象となっている。それぞれの調査を

図表3－1　調査の概要と分析対象企業

		調査① 2007.2	調査② 2007.11	調査③ 2008.1	調査④ 2010.8	調査⑤ 2011.7	調査⑥ 2013.5	調査⑦ 2014.2	調査⑧ 2015.3
母集団		公的認定：革新法認定企業：1時点	公的認定：専門家派遣支援対象企業	TSR：設立10年企業	公的認定：革新法認定企業：2時点	TSR：ランダムサンプリング：1時点	公的認定：革新法認定企業：3時点	TSR：ランダムサンプリング：2時点	TDB：ランダムサンプリング
業種		製造業・情報処理サービス業（含むソフトウェア業）・その他のサービス業	建設業，製造業，卸売業，小売業，情報サービス業，運輸業，飲食店・宿泊業，サービス業，不動産業	製造業	製造業・情報処理サービス業（含むソフトウェア業）・その他のサービス業	小売り・卸売り・製造業	製造業・情報処理サービス業（含むソフトウェア業）・その他のサービス業	小売り・卸売り・製造業	ICT
分析企業	年商（平均）	8億3,613万円	5億3,394万円	59億5,150万円	9億4,942万円	40億9,722万円	9億1,602万円	20億6,555万円	11億8,300万円
	従業員（平均）	36人	28人	16人	42人	75人	43人	62人	57人
	企業年齢（平均）	31年	26年	10年	36年	48年	39年	—	25年
	N	526	187	536	210	1026	123	341	269

通じて，同じ中小企業群に位置する異なる企業がどの程度のEOの力を保有し，それが経営成果にどの程度の影響を与えているのか。それぞれの分析結果を総合的に比較検討することによって，日本の中小企業のEOと経営成果の関係が浮き彫りになってくると考えられよう。以下，それぞれの分析結果をみていく。

3. 経営成果とEOの水準

各調査では，4つの経営成果の指標をみている。それらは，①利益面からみた競争優位性の高まり，②利益率の伸び（年率），③売上面からみた競争優位性の高まり，④売上の伸び（年率）である。競争優位性についてはライバル企業と比較した優劣を7段階のリッカートスケールによって経営トップが判定している。利益率と売上の伸びについては，年率での経営トップによる回答となっている。

図表3-2は8つの調査の各経営成果の平均値を示している。利益面ならびに売上面からみた競争優位性については，概ねすべての調査で平均4.0に近似する分布を確認した。一方，利益率ならびに売上高の伸びについては，すべての調査で測定はできていないものの，測定できた調査では，利益率については，8％から19％，売上高では21％から41％などやや広がりがあるものの，すべて一定の伸びがみられた。

EOの水準については，7段階のスケールの中で，調査⑦と⑧が3.9と最も低く，調査①が4.78と最も高いものの，総じて平均4.0を上回る特徴がみられた。利益率と売上高の伸び（年率）は留意する必要はあるものの，利益面ならびに売上面からみた競争優位性の高まりならびにEO水準に関わる統計分布は概ね正規分布を確認できている。

以下の分析では，これらを前提に経営成果の高低とEOの分析を試みることとする。4つの経営成果指標の高低の基準は，平均値から標準偏差＋／－1を分割点としている。また，サンプル数の希少性の問題から分析困難と判断した場合は，次善策として全体分布を3等分しその両端を高低企業の基準としている[5]。

図表3-2　経営成果とEOの水準

	調査①	調査②	調査③	調査④	調査⑤	調査⑥	調査⑦	調査⑧
利益面からみた競争優位性の高まり	3.57	4.28	3.63	3.31	4.05	3.61	4.10	3.47
利益率の伸び（年率）	18.48	―	―	10.49	―	8.57	―	―
売上面からみた競争優位性の高まり	4.00	4.03	3.89	3.36	4.10	3.58	4.24	3.61
売上の伸び（年率）	40.93	―	―	27.40	―	21.98	―	―
EO（※）	4.78	4.85	4.16	4.59	4.24	4.63	3.89	3.90

※調査①：α=.793，調査②：α=.785，調査③：α=.828，調査④：α=.785，調査⑤：α=.780，調査⑥：α=.752，調査⑦：α=.753，調査⑧：5段階を7段階に変換。α=.845

4. 高成果企業と低成果企業

　図表３－３は，高成果企業と低成果企業の成果指標ごとの値を示している。すべての調査に共通している成果指標は，利益面からみた競争優位性と売上面からみた競争優位性の成果指標である。そこでは，高成果企業の平均は，リッカートスケール１から７ポイントの中で，ほぼ６ポイントを超えた。

　一方，低成果企業は，例外はあるものの，ほぼすべて1.5ポイントを下回った。その差は５ポイントも開き，統計的にも有意な違いとして確認できている。また，過去３年間の利益率ならびに売上高の伸び率について，３つの調査で測定できたが，いずれも高成果企業と低成果企業とで大きな差がみられた。

　例えば，調査①では，高成果企業の利益率の伸びは55.3％である一方，低成果企業は1.4％に留まる。同様に売上高の伸びは，高成果企業で121.4％，低成果企業は0.9％となった。調査④では，利益率の伸びは高成果企業で30.4％，低成果企業は－2.6％で，売上高の伸びは，それぞれ96.4％，－13.6％となった。さらに，調査⑥では，高成果企業の利益率の伸びと売上高の伸びは20.7％と62.4％である一方，低成果企業はそれぞれ1.6％，－0.9％と大きな差が開いた。いずれも統計的に有意な差を示した。

　中小企業を対象として実施した８つの調査から，いずれの調査結果においても，高い業績を示す企業グループと低い業績を示す企業グループの存在が明らかになった。小さな企業の二極化である。競争優位性については，優位な企業と劣位な企業とで，概ね５ポイントの差がみられ，利益や売上の伸び率については，最大50ポイント（利益率）と100ポイント（売上）の違いが高成果企業と低成果企業との間にみられた。果たしてこの違いはどこから来ているのだろうか。以下では，経営成果に影響を与えるとされるEO水準に注目して分析を加える。

図表3-3　高成果企業と低成果企業

	調査①				調査②				調査③				調査④			
	高		低		高		低		高		低		高		低	
	N	値	N	値	N	値	N	値	N	値	N	値	N	値	N	値
利益面からみた競争優位性	49	6.3	59	1.0	38	6.3	38	1.5	76	6.4	81	1.0	45	5.5	31	1.0
利益率の伸び（年率）	95	55.3	125	1.4	—	—	—	—	—	—	—	—	41	30.4	42	-2.6
売上面からみた競争優位性	88	6.2	91	1.5	39	6.4	27	1.4	97	6.5	131	1.5	55	5.5	69	1.4
売上の伸び（年率）	104	121.4	125	0.9	—	—	—	—	—	—	—	—	33	96.4	37	-13.6

	調査⑤				調査⑥				調査⑦				調査⑧			
	高		低		高		低		高		低		高		低	
	N	値	N	値	N	値	N	値	N	値	N	値	N	値	N	値
利益面からみた競争優位性	161	6.2	150	1.7	34	5.7	53	2.1	36	6.3	33	1.6	49	5.9	38	1.0
利益率の伸び（年率）	—	—	—	—	24	20.7	30	1.6	—	—	—	—	—	—	—	—
売上面からみた競争優位性	182	6.3	145	1.7	36	5.5	51	2.0	50	6.2	31	1.7	60	5.8	35	1.0
売上の伸び（年率）	—	—	—	—	24	62.4	28	-0.9	—	—	—	—	—	—	—	—

※すべての項目で高成果企業と低成果企業は統計上1％水準で有意な違いを示した。

5. 経営成果の高低とEO水準

5.1　競争優位（利益面）とEO

　図表3-4は，業界内のライバル企業と比較した場合の，利益面からみた競争優位企業のEO水準と競争劣位企業のEO水準を8つの調査ごとに比較している。前項で示した経営成果指標の1つである利益面からみた競争優位性の指標結果を高低の2つに分けて，高成果企業＝競争優位企業，低成果企業＝競争劣位企業として，それぞれのEO水準を測定している。高成果企業グループと低成果企業グループの競争優位性には大きく5ポイントの差がみられた。

図表3-4 競争優位企業と競争劣位企業（利益面）のEO

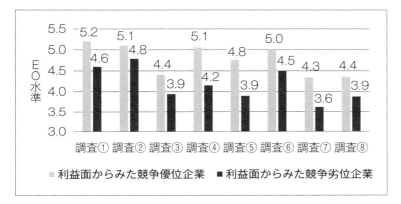

　図表3-4をみてわかるとおり、すべての調査で高成果企業のEOが低成果企業のEOを上回っている。顕著な例として調査④では、競争優位企業のEO水準は5.1ポイントで競争劣位企業のEO水準は4.2ポイントを示した。そして、調査②を除くすべての調査で、高成果企業と低成果企業のEO水準の差は統計的に有意であることが確認された。

　8つの調査結果から、経営成果の1つである利益面からみた企業の競争優位性は、それが優位な企業と劣位な企業とに二分され、その差は約5ポイントあることがわかった。そして、その違いはEO水準の高低と強くリンクしていることが示された。小さな企業の利益面からみた競争優位性をEOが牽引している可能性は高いといえよう。

5.2　利益率の伸びとEO

　小さな企業の過去3年間の利益率の伸びが極めて高い企業グループと低い企業グループに分けて、それぞれをここでは高利益企業（＝高成果企業）と低利益企業（＝低成果企業）と呼ぶこととする。その上で、これら2つの企業グループのEO水準を比較分析している。図表3-5はその結果を示している。見てわかるとおり、当該成果指標を測定した3つの調査すべてにおいて、高利

図表 3 - 5 高利益企業と低利益企業のEO

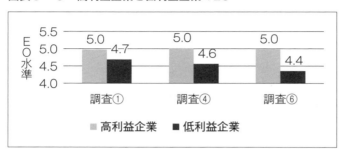

益企業のEO水準は低利益企業のEO水準を上回った。

具体的には，調査①では，高利益企業グループの利益率の伸びの平均は55.3%で，低利益企業グループの伸びは平均1.4%であった。そして，それぞれのEO水準は5.0と4.7で統計上有意な差を示した。同様に，調査④の高利益企業の利益率の伸びは30.4%，低利益企業の伸びは－2.6%，それぞれのEO水準は5.00と4.6で，統計上有意な差を確認した。調査⑥では，高利益企業と低利益企業の利益率ならびにEO水準は，それぞれ20.7％，5.0および1.6%，4.4で，EO水準の差は統計上有意な差となっている。

調査結果から，小さな高利益企業の成果（55.3%，30.4%，20.7%）と低利益企業の成果（1.4%，－2.6%，1.6%）の違いは共通してEO水準と深く関わっていることがわかった。

5.3　競争優位（売上面）とEO

図表3－6は，業界内のライバル企業と比較した場合の，売上面からみた競争優位企業と競争劣位企業のEO水準を比較したものである。売上面からみた競争優位性を高低の2つに分けて，高成果企業＝競争優位企業，低成果企業＝競争劣位企業として，それぞれのEO水準を測定した。測定結果から売上面からみた競争優位企業グループと競争劣位企業グループの競争優位性には，概ね5ポイントの差がみられた。利益面からみた競争優位企業と競争劣位企業の差

図表3－6　競争優位企業と競争劣位企業（売上面）のEO

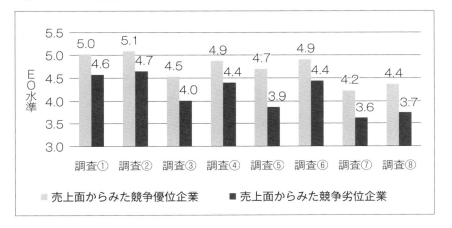

と同様に，売上面においても経営成果の二極化がみられた。

　EO水準の違いについては，すべての調査において競争優位企業が競争劣位企業を上回った。その差は調査②を除くすべての調査において統計上有意な違いであった。経営トップを中心とする小さな企業の戦略マインドであるEOが高水準にあることは，ライバル企業との競争を有利に展開し，逆に，戦略マインドであるEOが低下しているとライバル企業との競争環境が不利な状況に陥っている可能性を示した。

　先に述べた利益面からみた競争優位性とEOとの関係とあわせて検討すると，小さな企業は，市場拡大や占有率の拡大競争ならびに収益を確保する競争の両面において，EO強化が有効である可能性が示された。ライバル企業との競争で有利に立とうとする時，リスクを負い大胆に一歩先を走る戦略行動が，競争優位性を左右する重要な要諦になっていることが調査結果から示唆された。

5.4　売上高の伸びとEO

　ここでは，過去3年間の売上高の伸びが極めて高い企業グループと低い企業グループに分けて，それぞれを高売上企業（＝高成果企業）と低売上企業（＝

図表3-7　高売上企業と低売上企業のEO

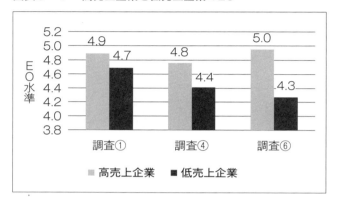

低成果企業）と呼び，EO水準の違いを分析している。図表3-7はその結果を示すが，見てわかるとおり3つの調査すべてにおいて，高売上企業のEO水準は低売上企業のEO水準を上回った。

具体的には，調査①では，高売上企業グループの売上高の伸びの平均は121.4%で，低利益企業グループの伸びは平均0.9%であった。そして，それぞれのEO水準は4.9と4.7で統計上有意な差が示された。調査④では，高売上企業の売上の伸びは96.4%，低利益企業の伸びは－13.6%，それぞれのEO水準は4.8と4.4であった。ただし，統計上有意な差としては確定できなかった。調査⑥では，高売上企業と低売上企業の売上の伸びならびにEO水準は，それぞれ62.4%，5.0および－0.9%，4.3で，EO水準の差は統計上有意な差を示した。

調査結果から，高売上企業の成果（121.4%, 96.4%, 62.4%）と低売上企業の成果（0.9%, －13.6%, －0.9%）の違いはほぼ共通してEO水準と深く関わっていることがわかった。すでに報告した「利益率の伸びとEO」の分析結果とあわせて検討を加えると，ほぼすべての調査結果から，利益率と売上高の伸びの大きい企業はEO水準も高いことがわかった。逆に，利益率と売上高の伸びの小さい企業はすべて共通してEO水準が低く抑えられていた。収益の確保や市場の拡大の両面において二極化する小さな企業の成功の鍵は，どうやらEOが

握っているようである。

6. EOの高低と経営成果の水準

　これまでの分析では経営成果の高い企業グループと低い企業グループのEO水準の違いに注目をしてきた。そこでの検証ポイントは，高成果企業のEOは低成果企業のEOよりも高いのか，低いのか，その違いは統計的に有意な違いなのか，にあった。そして，その分析結果は，概ね「高成果企業＝高EO」，「低成果企業＝低EO」であった。

　しかし，この発見事実は，経営成果の高低を軸にした分析結果であった。つまり，経営成果の高い企業を一同に集めた場合，それら企業のEO水準は高く，逆に経営成果の低い企業ばかり集めた場合，そこに集まった企業のEO水準は低くなる，ということである。

　それでは，逆の論理ではどうだろうか。つまり，EO水準の高い企業ばかりが集まった場合，それら企業の経営成果は高まるのか。EO水準の低い企業ばかり集まった場合，それら企業の経営成果は低くなるのか。

　以下では，EO水準の高い企業グループと低い企業グループに注目をして，「高EO企業＝高成果」「低EO企業＝低成果」の判定を行うこととする。前段までの分析とあわせて，「高成果企業＝高EO」と「高EO企業＝高成果」ならびに「低成果企業＝低EO」と「低EO企業＝低成果」の両方が確認されることによって「EOと経営成果」の関係性がより強固にかつ鮮明になってくるといえよう。ここでは，こうした問題意識を踏まえて，EOの高低企業グループに焦点をあてて，その経営成果の違いを検討してみる。

　EO指標の高低の基準は，経営成果指標の高低を決めた時と同様の方法を用いることとする。具体的には，EO水準の平均値から標準偏差＋／－１を分割点として高EO企業グループと低EO企業グループに分けて，それぞれの経営成果の違いを測定した[6]。分析結果は図表３－８から図表３－11に示した。

　まず，調査①では，高EO企業グループと低EO企業グループを比較した結果，

4つの経営成果指標のうち,「利益面からみた競争優位性」および「売上面からみた競争優位性」で統計上有意な違いがみられ,高EO企業が低EO企業を上回った。「利益率の伸び（年率）」および「売上の伸び（年率）」では高EO企業と低EO企業の間に統計上有意な違いは確認できなかった。

調査②では,設定された成果指標2つの「利益面からみた競争優位性」と「売上面からみた競争優位性」のうち,「売上面からみた競争優位性」で統計上有意な違いが確認できた。調査③は,設定された2つの質問項目である「利益面からみた競争優位性」と「売上面からみた競争優位性」ともに統計上有意な差として,高EO企業の経営成果が低EO企業の経営成果よりも高いことが検証された。調査④は,調査①と同様に4つの経営成果指標を分析したが,「利益率の伸び（年率）」を除く3つの指標すべて（利益面からみた競争優位性,売上面からみた競争優位性,売上の伸び（年率））統計上有意な差が確認できた。

調査⑤は,設定された2つの質問項目である「利益面からみた競争優位性」と「売上面からみた競争優位性」ともに統計上有意な差として高EO企業の優位性が確認できた。調査⑥は,調査①の結果と同様,4つの設定質問項目のうち,「利益面からみた競争優位性」および「売上面からみた競争優位性」で統計上有意な違いがみられ,「利益率の伸び（年率）」および「売上の伸び（年率）」では高EO企業と低EO企業の間に統計上有意な違いが確認できなかった。

調査⑦は,設定された2つの質問項目である「利益面からみた競争優位性」と「売上面からみた競争優位性」ともに高EO企業が低EO企業を上回り,それらは統計上有意な差であった。調査⑧は,調査②の結果と同様で,設定された成果指標2つの「利益面からみた競争優位性」と「売上面からみた競争優位性」のうち,「売上面からみた競争優位性」で統計上有意な違いが確認できた。

第3章 EOの力を測定 71

図表3-8 高EO企業と低EO企業の利益面からみた競争優位性

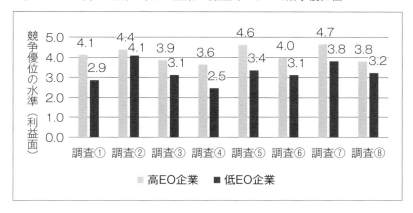

図表3-9 高EO企業と低EO企業の利益率の伸び（%）

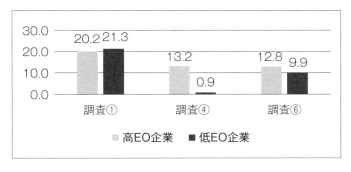

図表3-10　高EO企業と低EO企業の売上面からみた競争優位性

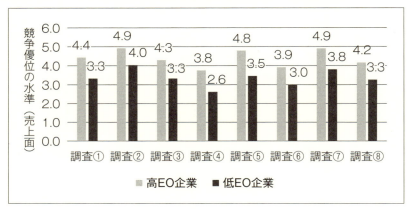

図表3-11　高EO企業と低EO企業の売上の伸び（％）

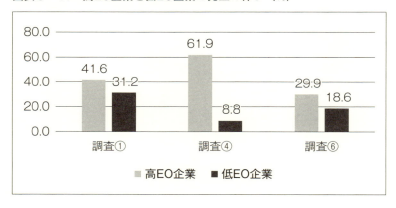

　8つの調査結果から，高EO企業グループと低EO企業グループの4つの経営成果指標の違いを俯瞰するとどのようなことが言えるであろうか。
　特徴的な点は，4つの経営成果指標の中で，利益率と売上高の伸びに，調査④を除いて高EO企業と低EO企業の間に統計上有意な差がみられなかった，ということである。そもそも利益率と売上高の質問項目を設定している調査は，

調査①，④，⑥の3つだけで少ないものの，そのうち2つの調査で，高EO企業と低EO企業の間に有意な違いがみられなかった。この結果は一定程度留意する必要があるかもしれない。しかし，同じ調査①，④，⑥の別の2つの経営成果指標（「利益面からみた競争優位性」と「売上面からみた競争優位性」）については，すべて高EO企業と低EO企業の間で有意な違いがみられ，「高EO企業＝高成果」「低EO企業＝低成果」が判定できた。

この結果は，EOの高まりはライバル企業との競争の高まりに応じてその強みが顕著になる一方，自社の経時的な業績変化とは直接的にはリンクしていないと言えるのかもしれない。

さらに，発見事実の結果を解釈すると，EO水準の高い小さな企業が一同に集まった場合は，そこにはライバル企業に対して競争優位な企業が集結する傾向が高まるが，必ずしも利益率の伸びが一律に高い企業ばかりがいるわけではない。逆に，EO水準の低い小さな企業が一同に集まった場合，そこにはライバル企業に対して競争劣位な企業が集まる傾向は高まるが，必ずしも経時的にみて利益率の悪い企業ばかりがいるわけではない，ことになる。

次に，8つの調査に共通して設定していた2つの経営成果指標に注目したい。「利益面からみた競争優位性」と「売上面からみた競争優位性」については，全体として何が言えるであろうか。

「利益面からみた競争優位性」については，調査②と調査⑧を除く，すべての調査で，高EO企業と低EO企業との間に統計上有意な差がみられ，高EO企業の競争上の優位性が低EO企業のそれを上回った。「売上面からみた競争優位性」については，8つの調査すべてで，高EO企業の優位性が確認できた。

これらの発見事実は，EO水準が高い小さな企業には共通して，ライバル企業に対する闘争心がみられ，業績面での競争意識も強いことが想定されるのではないだろうか。逆にEO水準が小さな企業は，ライバル企業との競争よりも自社の経営の守りに徹し競争上劣位な立場に置かれる傾向があると言えるのではないだろうか。

8つの調査結果を俯瞰して言えることは，小さな企業のEOの高低は，経営

成果の高低とリンクしている可能性は高いものの，それは，特に競争優位性との関係においてより顕著であるという点である。より正確にEOと経営成果の関係を描くと，「高EO企業＝競争優位」「低EO企業＝競争劣位」である可能性が高いことが示唆された。

7. EOの力

前段で検討を加えた①「経営成果の高低とEO水準」と②「EOの高低と経営成果水準」の分析結果から何が言えるだろうか。図表3－12は，それぞれの統計分析の結果を○と△で示したものである。○は統計上有意な結果で，△は有意ではなかった（どちらとも言えない）結果を表す。

図表3－12の上段は，経営成果の高低企業グループのEO水準の違いに注目をした分析結果である。見てわかるとおり，一部の調査を除きすべての調査で経営成果の高い企業グループと低い企業グループのEOの差は統計的に有意であり，高成果企業のEOは低成果企業よりも高いことがわかる。

経営成果の中身をみると，利益面ならびに売上面からみたライバル企業に対する競争優位性について，それが優位である企業と劣位である企業に分けた場合，優位企業のEO水準が劣位企業のEO水準を上回り統計上有意な差として確認されている。業績面でライバル企業より上位にある小さな企業は，そうでない下位の企業と比べてEO水準は確実に高いことがわかる。

また，利益率や売上の伸びについても，それが著しい高成長企業とそうでない低成長企業とのEOの差は顕著であった。高成長企業のEO水準は低成長企業のEO水準より高く，その差は概ね統計的にも有意であることが確認された。

4つの成果指標で高成果と判定された企業は一律に高いEO水準で，逆に低成果と判定された企業のEO水準は一律に低い。「高経営成果企業＝高EO」「低経営成果企業＝低EO」であることが判明した。

図表3－12の下段は，EO水準の高低企業グループの経営成果の違いに注目をした分析結果である。そこからわかったことは，小さな企業のEOの高低は，

図表3-12　経営成果とEOとの関係[7]

〈経営成果の高低→EO水準〉	調査①	調査②	調査③	調査④	調査⑤	調査⑥	調査⑦	調査⑧
利益面からみた競争優位性	○	△	○	○	○	○	○	○
利益率の伸び（年率）	○	−	−	○	−	○	−	○
売上面からみた競争優位性	○	△	○	○	○	○	○	○
売上の伸び（年率）	○	−	−	△	−	−	−	−
〈EOの高低→経営成果の水準〉								
利益面からみた競争優位性	○	△	○	○	○	○	○	△
利益率の伸び（年率）	△	−	−	△	−	△	−	−
売上面からみた競争優位性	○	○	○	○	○	○	○	○
売上の伸び（年率）	△	−	−	○	−	△	−	−

※○は統計上有意な結果，△は有意ではない結果，−は調査項目が設定されていない，を示す。

経営成果の中で，特に競争優位性との関係において顕著であるという点である。EOの高い企業グループは，ライバル企業に対して業績面で競争上優位な立場にある傾向が強く，逆にEOの低い企業グループは競争上劣位な立場にある可能性が高いことが示唆された。

①「経営成果の高低とEO水準」の分析結果と②「EOの高低と経営成果水準」の分析結果を総合的に検討すると何が言えるだろうか。まず言えることは，4つの指標からみた高成果企業グループには，高EO企業が存在する可能性が高いことである。一方，高EOグループには必ずしも4つの指標からみた高成果企業が顕著に存在するわけではなかった。そこには，競争優位な企業の存在は確認できるが，それが成長企業とは限らない。つまり，「高EO企業≠高い利益率／売上伸び（高成長）」で「高EO企業＝競争優位」であった。

その結果，8つの調査から言える「EOと経営成果」の関係は，「高成果企業＝高EO」と「高EO企業＝高成果」ならびに「低成果企業＝低EO」と「低EO企業＝低成果」ではなく，より正確には「高成果企業＝高EO」と「高EO企業＝競争優位」ならびに「低成果企業＝低EO」と「低EO企業＝競争劣位」と判定された。

仮に，経営成果をライバル企業との比較における業績の優劣においた場合，「高EO企業＝高成果企業」ならびに「低EO企業＝低成果企業」が成立するといえる。
　ここでは，母集団，業種，規模が異なる中小企業を対象に実施した8つの大規模アンケート調査結果をもとに，日本の小さな企業の底力について分析と考察を加えてきた。調査時期もそれぞれ異なり，2007年から2015年の間に実施された。その結果，製造業，情報処理サービス業，小売業，卸売業，サービス業，ICTなど様々な業態の小さな企業のEO特性や業績が分析結果に反映された。また，調査時期も過去8年間，ほぼ毎年実施してきたため時間軸のバイアスも一定程度考慮できた。
　分析対象企業の規模は8つの調査に共通して，平均従業員数は45人，企業年齢は30年程度であった。そして，そうした小さな企業の経営成果は明確に高い企業と低い企業に二極化し，それを左右するものとしてEOの力が鮮明になった。これらの結果は，欧米諸国を中心に発展するEO研究でも指摘されていることであったが，日本ではほぼ初めての検証結果といえる。
　なお，ここでの分析はクロスセクション（1時点）で，EOと経営成果との緻密な因果分析は行っていないが，①「経営成果の高低とEOの水準」の分析結果からEOが経営成果を牽引している可能性は高く（EO→経営成果の因果），また，②「EOの高低と経営成果の水準」の分析結果から，ライバル企業に対する競争優位な立ち位置がEOを高めている（競争優位性→EOの因果）ことが推測される。分析の限界はあるものの，「高EO→高業績」「低EO→低業績」の強い関係性は明確になったといえるのではないだろうか。
　続く第4章，第5章では，① EOが高業績を生む条件，② 過酷な事業環境下でEOは高業績を生むのか，③ 何がEOを育むのか，という点に焦点をあてて，実証分析を行う。
　本章での分析が，EOの特徴を俯瞰した「鳥の眼」とした場合，次章以降での検証は，EOのプロセスをつぶさに観察する「蟻の眼」となるだろう。この「鳥の眼」と「蟻の眼」の両眼で，EOのメカニズムを解明しその理解を深めて

いきたい。

■注
1) 具体的な調査票は第2章を参照。
2) 調査への回答はすべて経営トップによる自己申告がベースとなっている。したがって，回答者によるバイアスの懸念も残るが，未公開企業で中小規模の企業業績は広く公開されておらず入手も極めて困難である点を考慮すると，調査の限界であると考えている。
3) 調査①，④，⑥は上智大学経済学部の山田幸三教授と共同で実施し，他の調査は筆者が単独で実施している。TSRとは㈱東京商工リサーチ，TDBとは㈱帝国データバンクを示す。また，調査⑦の年商ならびに従業員数は2011年のTSRデータを使用している。なお，ここでは，8つの調査から得たデータベースを用いて筆者が分析した結果を図表3－1～図表3－12に示している。
4) 調査①と調査④と調査⑥は同じ母集団を分析対象とした2時点，3時点の追跡調査の形態をとっており順次サンプル数は減少している。調査⑤と調査⑦も同様に，同じ母集団に基づくパネル調査である。
5) 具体的には，調査①の利益率の伸び（年率）および売上の伸び（年率）の指標，調査④の利益率の伸び（年率），売上面からみた競争優位性，売上の伸び（年率）の指標，調査⑥の利益面からみ競争優位性，利益率の伸び（年率），売上面からみた競争優位性，売上の伸び（年率）の指標，を3等分に区切り高低企業に分けた。
6) サンプル希少性の問題から調査⑥のみEO高低の基準点を2つに設定し3分割にしてEO高低企業グループを設定している。
7) ＜経営成果の高低→EO水準＞調査⑧の利益面からみた競争優位性，＜EOの高低→経営成果の水準＞調査②の売上面からみた競争優位性は有意確率10％，その他は有意確率5％水準である。

第4章

EOは危機に有効か
東日本大震災と向き合う小さな会社の分析

2011年3月11日の未曾有の大震災から小さな会社はいかに回復したのか。ここでは，2時点の調査データを用いて，まず大震災の影響とその後の回復プロセスを定量的に分析する。次に，津波により多くを失った被災企業2社に焦点をあて，その被害の実態と回復への道のりを定性調査から浮き彫りにする。過酷な状況から抜け出す経営の要諦とは何だったのか。危機からの回復プロセスを分析する。

1. 大震災による影響

1.1 分析のねらい

　2011年3月11日未曾有の東日本大震災が日本を襲った。地震や津波ならびに原発事故による被害は甚大で，死者は15,000人を超えたとされる。しかし，存命である人々の心の傷など目に見えにくい被害も含めると，その影響は途方もなく大きいことは容易に想像できよう。内閣府の推計によると日本経済への影響は約16兆9千億円[1]，実質GDPの3％超に及んだとされる。

　一方，小さな企業への被害も大きかった。ここでは，大震災による小規模企業のビジネスへの影響とその後の行動の変化について，定量調査に基づき分析を加えている。大震災による影響が，小さな企業の戦略姿勢や業績にどのような影響を与えたのか。震災後の業績回復プロセスに影響を与えたマネジメント要因とは何だったのか。以下が，ここで明らかにしたい点となる。

① 大震災によるビジネスへの影響はどの程度だったのか。
② 大震災による影響はその後のマネジメントにどのような変化をもたらしたのか。
③ 大震災で大打撃を受けた企業のその後の業績を分けた要因とは何か。

1.2 調査

1.2.1 データ：2011年調査と2014年調査

　大震災が小さな企業に与えた影響とその後の戦略姿勢や業績の変化を把握するために，2つの連動する調査を実施した。1つ目は2011年7月に実施した「2011年調査」[2]である。調査は全国の企業を対象として，その業種と規模は，(1)製造業（従業員規模100名超300名以下），(2)卸・小売業（従業員規模10名超

100名以下），(3)情報サービス業（従業員規模100名超300名以下）。また，これら企業の2008年から2010年の売上高成長度合い（減速，停滞，成長）も考慮に入れた。成長度合いとは，2008年と2009年ならびに2009年と2010年のそれぞれの期間の売上高の伸び率とし，その中で，減速とは－10％以下，停滞とは－10％超＋2％未満，成長とは＋2％超としている。

　調査対象企業の抽出作業は，東京商工リサーチのデータベースを用いて，まず3つの業種ごとの従業員規模を基準に企業を抽出し，その上で，それぞれの区分ごとに，概ね成長企業，停滞企業，減速企業が均等になるように調整し，5,000社をランダムに抽出している。調査票は5,000社に郵送して，結果1,100社から回答があり，そのうち有効回答は1,027社であった（有効回答率20.5％）。

　2つ目の調査（2014年調査）は，2014年2月に実施した。2011年調査から回答のあった1,100社すべての企業に対して同様の質問調査票を郵送している[3]。結果，341社から回答があり，うち有効回答数は337社，有効回答率は30.6％であった。以下の分析では，この2014年調査の回答データと2011年調査の回答データとを統合した2011-2014企業データベースを用いている。この2時点の企業データベースを用いることにより，大震災から4か月後の2011年7月の企業の経営状況と，震災3年後の企業変化の様子が観察・測定できることになる。

1.2.2　変　　数

　大震災による企業への影響とその後の戦略姿勢の変化の測定には，定量調査を通じて入手した以下の変数を用いている。

■**大震災の影響**

　大震災がどの程度，ビジネスに影響を与えているのかについて，経営に直接かかわる経営トップがどう認識しているのかについて把握した。そのために，調査票では5段階の震災影響度合い（主に売上への影響）を設定して，経営トップの認識を聞いている。分析では，震災4か月後のビジネスへの影響と以下に示すEO，直近の業績，環境認知，過去3年間の業績（成長）との関係を分

析している。

■企業家的志向性（EO：Entrepreneurial Orientation）
　第2章で述べたとおり，EOとは小規模な企業の戦略行動を示す概念で高業績を導くエンジンとみなされている。また，指標の操作化では，第3章の実証分析と同様に世界の主流であるMiller/Covinモデルを用いた。それは，革新性，先駆性，リスク負荷の要素を同時に反映させた単一の構成概念を指す。そして，経営トップへのアンケート調査を通じて入手した8つの調査項目のデータを統合化してEO構成尺度を作成した[4]。ここでは，2011年調査時点ならびに2014年調査時点のEO１とEO２の２つの指標を全体の中心的な概念として捉えて分析している。

■直近の業績（売上）
　企業の業績指標として，経営トップが認知する売上高の現状を，ここでは直近の業績指標としている。アンケート調査では，経営トップに対して，現在の売上状況について「減少傾向」「横ばい」「増加傾向」から１つ選んでもらった。分析では，2011年調査時の直近の業績（売上）と2014年調査時の直近の業績（売上）を用いている。

■直近の業績（収益）
　企業のもう１つの業績指標として，収益についてアンケート調査を通じて把握し，本分析で用いている。経営トップが自社の収益の現状についてどのように認識しているのかを経営トップに聞き，現在の収益状況（赤字基調か黒字基調）を把握した。分析では，2011年調査時の直近の業績（収益）と2014年調査時の直近の業績（収益）を用いている。

■環境認知（過酷な環境）
　企業を取り巻く事業環境が経営に，どれほど過酷で自社のビジネスの障害と

なっているのかについて，アンケート調査を通じて把握して分析に用いている。調査では，経営トップに対して「貴社を取り巻くビジネス環境は過酷で事業の存続が困難である」との質問項目について，その認識の程度を7段階のリッカートスケールを用いて聞いている。分析では，2011年調査時の環境認知（過酷な環境）と2014年調査時の環境認知（過酷な環境）を用いている。

■環境認知（市場機会）

企業を取り巻く事業環境として，市場における豊富な事業機会の認知について経営トップにアンケート調査を通じて把握している。調査では，経営トップに対して「貴社を取り巻くビジネス環境は，投資機会やビジネスチャンスが豊富である」という質問項目に，どの程度同意できるのかについて7段階のリッカートスケールで聞いている。分析では，2011年調査時の環境認知（市場機会）と2014年調査時の環境認知（市場機会）を用いている。

■過去3年の業績（成長）

過去3年の事業の経営成果としての企業業績（成長）は，その後のビジネス展開の戦略姿勢や意思決定に影響を与える重要な組織の資源蓄積の1つになると捉えられ，新たな投資や余剰資源の原資として，震災からの回復プロセスに影響があると考えた。指標の操作化については，経営トップにアンケート調査を通じて，過去3年の売上の伸び，経常利益の伸び，市場占有率の伸びを，業界内の競争他社と比較して，その高低の認知を7段階のリッカートスケールで聞き，統合化指標を作成した[5]。

1.2.3 分析対象企業のデモグラフィー

以下では，2011年調査と2014年調査の2時点データベースをもとに，ここで分析する企業の基本的な属性について記している。

図表4-1は分析対象企業の創業年，規模，これまでの成長性を記述している。創業年の平均は1960年，最も古い企業は1946年，企業年齢は50年から60年

図表4-1　分析対象企業のデモグラフィー

	N	平均値	最頻値	標準偏差	最小値	最大値
創業年（西暦）	300	1960	1946	26.004	1875	2007
資本金（千円）<2011年>	337	45,237.0	10,000.0	124,506.9	1,000.0	1,750,000.0
従業員数（2011年）	337	62	50	65	20	300
09／08伸長率（%）	337	98.3	100.0	36.0	46.0	679.0

と比較的業歴の長い企業が多いことがわかった。また，資本金の平均額は4,500万円だが最頻値は1,000万円で，その幅にやや広がりがみられる。従業員数は平均62人，最頻値は50人であった。

企業規模の特徴としては，従業員が20人未満の零細企業という訳でもなく，100名以上を占める中規模企業というわけでもなかった。一方，大震災以前の売上伸長率をみると，その平均値は98%，最小値が46%，最大値が679%で，業績の高低企業が混在していることがわかる。分析対象企業の業種は，小売業が圧倒的に多く全体の約8割を占めた。その他は，卸売業（9.8%），製造業（9.5%），ICT関連企業（Information Communication Technology）（9%）と続く。

なお，以下の図表4-2は，「1.3　分析結果と考察」で用いる分析の中心を占める変数の記述統計と相関関係を示している。

図表 4 - 2　変数の記述統計と相関関係

	平均	標準偏差	α	1	2	3	4	5	6	7	8	9
1. 大震災の影響 (2011)	3.19	1.18	—	1.00								
2. EO (2011)	4.20	0.89	0.818	-.005	1.00							
3. EO (2014)	3.91	0.79	0.753	.031	.506**	1.00						
4. 過酷な経営環境 (2011)	3.32	1.46	—	.082	-.160**	-.118*	1.00					
5. 過酷な経営環境 (2014)	3.78	1.43	—	.036	-.144*	-.158**	.331**	1.00				
6. 良好な市場機会 (2011)	3.67	1.59	—	-.069	.276**	.210**	-.396**	-.274**	1.00			
7. 良好な市場機会 (2014)	3.58	1.17	—	.041	.135*	.213**	-.230**	-.289**	.252**	1.00		
8. 過去3年の業績 (2011)	4.18	1.35	0.862	-.152**	.325**	.212**	-.332**	-.182**	.178**	.102	1.00	
9. 過去3年の業績 (2014)	4.11	1.07	0.844	-.127*	.231**	.292**	-.193**	-.338**	.239**	.224**	.439**	1.00

1.3　分析結果と考察

1.3.1　大震災によるビジネスへの影響

　2011年3月11日の大震災によって小さな企業はどの程度の影響を受けたのであろうか。2011年調査の結果，全体の11%の企業が「甚大な影響を受けた」と認識し，「ある程度の影響を受けた」との認識は52%，両方合わせると，全体の63%の企業が大震災によって一定以上の影響を受けたと認識していることがわかった。逆に，まったく影響がなかった（7.3%），それほど影響がなかった（24%）企業も存在し，合わせると，全体の31%の企業はそれほど影響を受けていないと認識していることがわかった。これを都道府県ごとにみるとどうなるであろうか。

　図表4－3は大震災の影響を都道府県ごとにみたものである。これをみてわ

かるとおり，ビジネスへの影響が深刻だった地域は，岩手県，宮城県，福島県など東北地方が多いものの，「ある程度の影響はあった」を加えると，関東，東海，中四国，近畿，九州など全国へと広がりをみせていることがわかる。サプライチェーンの進展によりその影響は全国へ，そして，世界へも影響を及ぼしていることが知られている。

　一方，業種別の影響については，卸売業と製造業が小売業よりやや強く影響を受けている傾向がみられ，「甚大な影響」と「ある程度の影響はあった」とを合わせると，約10ポイント上回った（図表4－4参照）。

図表4-3　都道府県別の大震災の影響

	大震災の影響					合計
	まったく影響ない	それほど影響ない	どちらとも言えない	ある程度の影響あり	甚大な影響あり	
北海道	8	14	3	27	4	56
	14.3%	25.0%	5.4%	48.2%	7.1%	100%
青森県	1	3	1	14	3	22
	4.5%	13.6%	4.5%	63.6%	13.6%	100%
岩手県	0	1	0	10	5	16
	0.0%	6.3%	0.0%	62.5%	31.3%	100%
宮城県	1	2	0	6	6	15
	6.7%	13.3%	0.0%	40.0%	40.0%	100%
秋田県	0	2	1	10	2	15
	0.0%	13.3%	6.7%	66.7%	13.3%	100%
山形県	2	7	1	15	3	28
	7.1%	25.0%	3.6%	53.6%	10.7%	100%
福島県	0	0	2	10	5	17
	0.0%	0.0%	11.8%	58.8%	29.4%	100%
茨城県	0	1	1	11	4	17
	0.0%	5.9%	5.9%	64.7%	23.5%	100%
栃木県	1	2	1	8	3	15
	6.7%	13.3%	6.7%	53.3%	20.0%	100%
群馬県	1	0	0	11	5	17
	5.9%	0.0%	0.0%	64.7%	29.4%	100%
埼玉県	3	11	2	13	8	37
	8.1%	29.7%	5.4%	35.1%	21.6%	100%
千葉県	0	5	2	12	4	23
	0.0%	21.7%	8.7%	52.2%	17.4%	100%
東京都	5	29	8	63	19	124
	4.0%	23.4%	6.5%	50.8%	15.3%	100%
神奈川県	1	10	1	22	5	39
	2.6%	25.6%	2.6%	56.4%	12.8%	100%
新潟県	0	5	1	16	2	24
	0.0%	20.8%	4.2%	66.7%	8.3%	100%
富山県	2	8	3	10	1	24
	8.3%	33.3%	12.5%	41.7%	4.2%	100%

第4章　EOは危機に有効か　東日本大震災と向き合う小さな会社の分析　**89**

石川県	0	9	3	3	1	16
	0.0%	56.3%	18.8%	18.8%	6.3%	100%
福井県	1	0	1	5	0	7
	14.3%	0.0%	14.3%	71.4%	0.0%	100%
山梨県	1	2	0	5	2	10
	10.0%	20.0%	0.0%	50.0%	20.0%	100%
長野県	0	5	0	16	1	22
	0.0%	22.7%	0.0%	72.7%	4.5%	100%
岐阜県	2	8	1	11	1	23
	8.7%	34.8%	4.3%	47.8%	4.3%	100%
静岡県	0	10	2	18	3	33
	0.0%	30.3%	6.1%	54.5%	9.1%	100%
愛知県	3	15	1	24	4	47
	6.4%	31.9%	2.1%	51.1%	8.5%	100%
三重県	3	4	0	3	0	10
	30.0%	40.0%	0.0%	30.0%	0.0%	100%
滋賀県	1	3	0	1	2	7
	14.3%	42.9%	0.0%	14.3%	28.6%	100%
京都府	4	5	3	8	1	21
	19.0%	23.8%	14.3%	38.1%	4.8%	100%
大阪府	6	15	6	40	4	71
	8.5%	21.1%	8.5%	56.3%	5.6%	100%
兵庫県	1	6	1	17	1	26
	3.8%	23.1%	3.8%	65.4%	3.8%	100%
奈良県	0	1	0	6	2	9
	0.0%	11.1%	0.0%	66.7%	22.2%	100%
和歌山県	0	3	1	1	0	5
	0.0%	60.0%	20.0%	20.0%	0.0%	100%
鳥取県	1	4	0	6	0	11
	9.1%	36.4%	0.0%	54.5%	0.0%	100%
島根県	4	4	1	4	1	14
	28.6%	28.6%	7.1%	28.6%	7.1%	100%
岡山県	4	2	1	12	3	22
	18.2%	9.1%	4.5%	54.5%	13.6%	100%
広島県	2	6	2	11	0	21
	9.5%	28.6%	9.5%	52.4%	0.0%	100%

山口県	3	4	0	5	0	12
	25.0%	33.3%	0.0%	41.7%	0.0%	100%
徳島県	0	2	0	2	0	4
	0.0%	50.0%	0.0%	50.0%	0.0%	100%
香川県	1	3	5	11	0	20
	5.0%	15.0%	25.0%	55.0%	0.0%	100%
愛媛県	0	3	0	7	0	10
	0.0%	30.0%	0.0%	70.0%	0.0%	100%
高知県	0	2	0	5	0	7
	0.0%	28.6%	0.0%	71.4%	0.0%	100%
福岡県	2	11	3	15	1	32
	6.3%	34.4%	9.4%	46.9%	3.1%	100%
佐賀県	1	3	0	2	0	6
	16.7%	50.0%	0.0%	33.3%	0.0%	100%
長崎県	2	1	0	5	0	8
	25.0%	12.5%	0.0%	62.5%	0.0%	100%
熊本県	2	4	1	7	0	14
	14.3%	28.6%	7.1%	50.0%	0.0%	100%
大分県	3	1	0	5	1	10
	30.0%	10.0%	0.0%	50.0%	10.0%	100%
宮崎県	0	5	1	6	2	14
	0.0%	35.7%	7.1%	42.9%	14.3%	100%
鹿児島県	2	3	2	7	0	14
	14.3%	21.4%	14.3%	50.0%	0.0%	100%
沖縄県	1	1	1	5	2	10
	10.0%	10.0%	10.0%	50.0%	20.0%	100%
合計	75	245	63	531	111	1025
	7.3%	23.9%	6.1%	51.8%	10.8%	100%

第4章 EOは危機に有効か 東日本大震災と向き合う小さな会社の分析

図表4−4 業種別の大震災の影響

	大震災の影響					合計
	まったく影響ない	それほど影響ない	どちらとも言えない	ある程度の影響あり	甚大な影響あり	
製造業	6	29	8	79	21	143
	4.2%	20.3%	5.6%	55.2%	14.7%	100.0%
卸売業	5	18	3	58	10	94
	5.3%	19.1%	3.2%	61.7%	10.6%	100.0%
小売業	61	192	52	384	79	768
	7.9%	25.0%	6.8%	50.0%	10.3%	100.0%
ICT	3	6	0	10	1	20
	15.0%	30.0%	0.0%	50.0%	5.0%	100.0%
合計	75	245	63	531	111	1025
	7.3%	23.9%	6.1%	51.8%	10.8%	100.0%

1.3.2 大震災の影響とマネジメントの変化

　大震災の影響には，ばらつきがみられた。甚大な被害を受けた企業もあれば，それほどでもない企業も存在した。それでは，その影響の違いは，マネジメントにどのような変化をもたらしたのだろうか。ここでは，2011年と2014年の2時点データを用いて，大震災による影響を大小に分け，その後のマネジメントの変化を分析する。

　大震災の影響が大きかった企業（以下，影響大企業という）は，影響が小さかった企業（以下，影響小企業という）と比べて，震災4か月後に，環境認知，EO，業績を低下させたのか，あるいは上昇させたのか，それとも違いはみられなかったのか。さらに，震災3年後はどうであったのか。

　アンケート調査結果から大震災の影響度（1−5段階）の4−5を影響大，1−2を影響小としてt検定あるいはカイ2乗検定[6]を行い分析結果を図表4−5に示している。

　大震災の4か月後，その影響大企業と影響小企業のEOの水準を比較したところ，それぞれ4.18と4.22であった。震災の影響大企業のほうが若干EO水準は

図表4－5　大震災の影響とマネジメントの変化

	2011（震災4か月後）		2014（震災3年後）	
	影響大 (N=176)	影響小 (N=114)	影響大 (N=176)	影響小 (N=114)
EO	4.18	4.22	3.94	3.86
直近の業績：売上[8]	減少:49.6% 増加:50.4% (N=113)	減少:22.5% 増加:77.5% (N=80)	減少:38.0% 増加:62.0% (N=121)	減少:32.0% 増加:68.0% (N=75)
直近の業績：収益[9]	赤字:24.3% 黒字:75.7% (N=185)	赤字:13% 黒字:87% (N=123)	赤字:22.6% 黒字:77.4% (N=186)	赤字:18.2% 黒字:81.8% (N=121)
環境認知：過酷な環境	3.36	3.08	3.79	3.68
環境認知：市場機会	3.57	3.86	3.60	3.50

低かった。しかし，統計的に有意な違いはなかった。過酷な環境の認知については，影響大企業は3.36，影響小企業は3.08で，震災の影響が大きかった企業のほうが震災4か月後の環境認知は過酷であった。同様に，豊富な市場機会の認知も，影響大企業は影響小企業よりも低く，それぞれ3.57，3.86で，震災の影響が大きかった企業のほうが市場機会の認知も低く抑えられていた。しかし，過酷な環境の認知および市場機会の認知も，統計的には有意な違いはみられなかった。

　一方，業績の違いについては，大震災の4か月後，影響大企業と影響小企業との間に統計上有意な違いがみられた。売上業績について，影響大企業の場合，減少傾向企業の割合は49.6%，増加傾向企業の割合は50.4%であった。それに対して，影響小企業の場合，減少傾向企業は22.5%，増加傾向企業は77.5%であった。明白に大震災の影響が売上業績にマイナスの影響を与えていることがわかった。

　収益についても同様で，影響大企業の赤字基調は24.3%，黒字基調は75.7%で，それに対して，影響小企業はそれぞれ13%，87%であった。震災の影響が小さ

かった企業の赤字基調が，影響が大きかった企業と比べて低く抑えられていることがわかる[7]。

次に，震災3年後のマネジメントの違いについてみていく。EOの水準については，影響大企業は3.94，影響小企業は3.86で共通して震災直後よりは水準は低下している。また，若干ではあるが，震災の影響が大きかった企業のほうが，小さかった企業よりEO水準が高まっている。しかし，その違いは統計上有意な水準にはない。

過酷な環境の認知については，影響大企業は3.79，影響小企業は3.68と震災直後と比べて全体としては高まり，また震災直後同様に，若干ではあるが影響大企業のほうが過酷な環境認知は高かった。一方，豊富な市場機会の認知については，震災直後の状況とは異なり，わずかな違いではあるが，影響大企業のほうが影響小企業よりも高まった。しかし，過酷な環境の認知ならびに市場機会の認知，両方とも，統計上有意な違いはみられなかった。

業績の変化については，売上の場合，影響大企業の売上減少企業の割合は，震災直後と比べて10ポイントほど低下し（49.6%→38.0%），逆に影響小企業が10ポイントほど高まっている（22.5%→32.0%）。収益の変化についても同様で，影響大企業の赤字基調は低下し（24.3%→22.6%），逆に影響小企業は上昇した（13%→18.2%）。しかし，震災の影響の大小が震災直後（4か月後）は，業績に統計上有意に影響を与えていたが，震災3年後の業績には統計上有意な影響は与えていなかった。

分析の結果，特徴的な発見事実として次のことが言えそうである。①震災の影響の大小に限らず，震災直後と震災3年後とでは，EOの水準は全体として低下し，逆に過酷な環境認知は高まった。危機が過酷な環境認知を高めたのかもしれない。②震災の影響大企業の震災直後の業績は，影響小企業と比べて低かったものの，震災3年後，その傾向は逆転した（売上減少／赤字傾向：影響大企業は減少。影響小企業は増加）。業績において震災の影響大企業と影響小企業との間で差は縮小した。

震災後3年の間に，影響大企業のマネジメントに何が起きたのだろうか。次

に，震災の影響が大きかった企業に絞り，そのマネジメントと業績の変化に焦点をあてて分析を進めていく。

1.3.3 大震災で打撃を受けた企業の高業績と低業績を分ける要因

ここでは，大震災の影響度（1-5段階）について，影響大（4-5）と回答した企業群（大震災で大打撃を受けた企業群）に絞り分析を進める。また，大打撃を受けた企業の業績に影響を与える要因を探るために，低業績と高業績の2グループに分けてマネジメントの差異をt検定により分析している。

図表4-6は売上の高業績と低業績を分ける要因，図表4-7は収益の高業績と低業績を分ける要因の分析結果を示している。

まず，売上面での業績に影響を与える要因からみていく（図表4-6参照）。分析結果からわかるとおり，震災により大打撃を受けたにもかかわらず，震災4か月後，売上が増加傾向にある高業績企業が50社あることがわかった。売上が減少傾向にある低業績企業は55社であった。低業績企業のEOは3.93，高業績企業は4.49で，高い水準のEOが高業績企業に多いことがわかる。過去3年の業績状況については，低業績企業は3.24，高業績企業は4.92で，過去の企業業績（成長）が経営姿勢やマネジメントに良い影響を与えていることがうかがえる。

過酷な環境認知は，低業績企業のほうが高く（3.87），高業績企業（2.86）は，大震災で大打撃を受けたにもかかわらず，深刻な状況であるとの認識ではなかった。むしろ，豊富な市場機会の存在という肯定的な環境認知が高業績企業（3.90）で低業績企業（3.07）より高く，そのことが過酷な環境認知を低く抑えていたと捉えられるかもしれない。また，これらすべての変数で，高業績企業と低業績企業の間に統計的に有意な差が示された。

次に，大震災で大打撃を受けた企業の震災3年後の業績についてみていく。分析結果から，大震災により大きな打撃を受けた企業のうち，3年後に売上ベースで増加傾向にある高業績企業は70社，減少傾向にある低業績企業は45社あった。震災直後より高業績企業の割合が増えている。

図表 4 - 6 大震災で打撃を受けた企業の高業績と低業績を分ける要因（売上の増減[10]）

	2011（震災4か月後）				2014（震災3年後）			
	低業績 (N=55)	高業績 (N=50)	t値	有意確率	低業績 (N=45)	高業績 (N=70)	t値	有意確率
EO（2011）	3.93	4.49	3.16	.002	3.96	4.43	3.16	.002
EO（2014）	—	—	—	—	3.71	4.07	2.51	.013
過去3年の業績（蓄積）：2011	3.24	4.92	6.63	.000	3.61	4.20	2.22	.028
過去3年の業績（蓄積）：2014	—	—	—	—	2.93	4.57	9.38	.000
環境認知：過酷な環境（2011）	3.87	2.86	3.68	.000	3.62	3.11	2.06	.041
環境認知：過酷な環境（2014）	—	—	—	—	4.29	3.50	2.99	.004
環境認知：市場機会（2011）	3.07	3.90	2.65	.009	3.29	3.91	2.12	.037
環境認知：市場機会（2014）	—	—	—	—	3.24	3.71	2.08	.030

　この2014年の業績の高低に対して，震災直後の2011年のEOは影響を与えていたのであろうか。分析の結果，低業績企業のEOは3.96，高業績企業は4.43で，震災直後の業績と同様に，高い水準のEOは高業績企業に多いことがわかった。同時に，2014年の低業績企業のEO（3.71）と高業績企業のEO（4.07）を比較しても結果は同じであった。甚大な震災の影響を受けても，高水準のEOの鼓舞が企業を高業績に結びつけた可能性が示唆された。

　一方，影響大企業を高業績に結びつけるのはEO変数以外にもあった。過去3年の企業業績（成長）は2011年当時ならびに2014年当時ともに，低業績企業よりも高業績企業で高くなっている（2011年：低業績3.61，高業績4.20, 2014年：低業績2.93，高業績4.57）。

図表4-7 大震災で打撃を受けた企業の高業績と低業績を分ける要因（収益基調[11]）

	2011（震災4か月後）				2014（震災3年後）			
	低業績 (N=44)	高業績 (N=133)	t値	有意 確率	低業績 (N=41)	高業績 (N=136)	t値	有意 確率
EO（2011）	3.95	4.26	-2.07	.040	3.90	4.27	-2.43	.016
EO（2014）	－	－	－	－	3.75	4.00	-1.85	.066
過去3年の業績 （蓄積）：2011	3.00	4.35	-6.19	.000	3.42	4.20	-3.27	.001
過去3年の業績 （蓄積）：2014	－	－	－	－	3.26	4.18	-5.33	.000
環境認知：過酷 な環境（2011）	3.86	3.20	2.83	.005	3.85	3.21	2.64	.009
環境認知：過酷 な環境（2014）	－	－	－	－	4.34	3.62	2.58	.013
環境認知：市場 機会（2011）	3.16	3.71	-1.99	.048	3.34	3.64	-1.05	.296
環境認知：市場 機会（2014）	－	－	－	－	3.17	3.74	-2.88	.005

　過去の企業業績（成長）がその後の企業行動に及ぼす影響については，企業行動理論（BTOF[12]）の観点から肯定的あるいは否定的な見解がみられるが，本分析の結果からは肯定的な解釈で捉えられた。過去の高業績が一定の組織資源の蓄積（余剰資源）として，大震災という危機的な衝撃を吸収するクッションの役割を果たしていたと考えられよう。また，過去の高業績（成長）が経営トップの将来の成長をさらに呼び起こしたとも捉えられよう。

　経営トップによる過酷な環境認知も，影響大企業の震災3年後の売上業績に影響を与えている。震災直後ならびに3年後の過酷な環境認知も，高業績企業のほうが低業績企業よりも低く（2011年：低業績3.62，高業績3.11，2014年：低業績4.29，高業績3.50），敵対的で過酷な事業環境を低く抑えて（認知して）

ビジネスを展開していることがうかがえる。

　前述した過去の高業績による資源蓄積や次に述べる豊富な市場機会の存在が過酷な環境認知を低く抑えることを可能とし，前向きな行動姿勢であるEOと交互作用を起こし業績を高めているといえるかもしれない。なお，豊富な市場機会の環境認知については，2011年ならびに2014年の時点にかかわらず低業績企業よりも高業績企業のほうが高い数値を示している（2011年：低業績3.29，高業績3.91，2014年：低業績3.24，高業績3.71）。また，すべての変数で高業績企業と低業績企業の間には統計的に有意な差が出ている。

　2つ目の業績指標である収益面からみた高業績企業と低業績企業の違いにはどのような特徴がみられるだろうか（図表4-7参照）。分析結果から，震災4か月後に赤字基調（低業績）であった企業は44社，黒字基調（高業績）であった企業は133社であった。分析対象企業は震災により大きな被害を受けたにもかかわらず，その直後に約75％の企業が黒字基調と認識していることがわかった。一方，震災3年後は，業績の特徴に変化はみられず，震災直後とほぼ同じ傾向を示し，低業績企業は41社，高業績企業は136社であった。次に，企業の高低業績に影響を与えた要因についてみていく。

　震災4か月後の業績とEOの関係は，高業績企業のほうが低業績企業よりEO水準は高かった（低業績3.95，高業績4.26）。震災前の過去3年の業績の平均値は，低業績企業は3.00で高業績企業は4.35と，過去の事業成果の良い企業が資源蓄積を通じて震災のクッションとなり行動姿勢に変化を与えて高業績に結びついている可能性が示唆された。

　過酷な環境認知については，低業績企業は3.86，高業績企業は3.20，市場機会の認知は，それぞれ3.16と3.71であった。甚大な被害を蒙ったにもかかわらず，その直後に黒字基調を維持できている企業は，厳しい事業環境を極力低く抑えて（認知して），小さくとも新しいビジネス機会を見つけ出していることがうかがえる。

　次に，震災から3年経過した企業の収益（低業績と高業績）に影響を与えた要因について分析を加える。EOについては，震災直後や震災3年後ともに，

高業績企業のほうが低業績企業よりも，EO水準が高いことがわかった（2011年：低業績3.90，高業績4.27，2014年：低業績3.75，高業績4.00）。震災直後から３年経過するプロセスで，高いEO水準が企業行動に影響を与えて高い成果に結びついている可能性が示唆された。

　同様に，過去の事業の成長が震災３年後の高業績に強く影響を与えていた（2011年：低業績3.42，高業績4.20，2014年：低業績3.26，高業績4.18）。自社の事業を取り巻く環境（過酷な環境の認知）についても，高業績企業のほうが低業績企業より，震災直後からその後３年まで低く認知されていた（2011年：低業績3.85，高業績3.21，2014年：低業績4.34，高業績3.62）。また，すべての変数で低業績企業と高業績企業の間に統計上有意な違いがみられた。

　一方，豊富な市場機会の認知の程度については，震災直後からその３年後まで高業績企業のほうが低業績企業より高く，過酷な環境認知を抑えつつ，高いEO水準を鼓舞できる事業環境を整えていたことがうかがえる（2011年：低業績3.34，高業績3.64，2014年：低業績3.17，高業績3.74）。ただし，震災直後の市場機会の認知と３年後の業績の高低には統計上有意な違いはなかった。

　2011年３月11日の東日本大震災によってビジネスは大きな被害を受けた。しかし，震災４か月後にすでに売上や収益面で業績を上げている企業も存在し，その傾向は震災３年後も続いていた。つまり，震災の影響を強く受けながらも，その後，業績を高めている企業もあれば低下させている企業もあった，ということになる。分析の結果，その鍵を握る要因の１つにEOがあげられた。その高い水準がエンジンとなり業績の高低を分けていた可能性がある。

　しかし，EOが機能しやすい条件も整っていたといえよう。自社の事業を展開するに際して，過酷な環境を低く抑え，新たな市場機会を探索できる状況に身を置き，過去の事業成果の蓄積がリスクのクッションとして企業行動を下支えしていたことが考えられる。

　EOはそもそも資源を必要とする戦略行動であり，本質的にリスク負荷の行動姿勢であることを考慮すると，それらを担保する基盤が必要であったことも理解できよう。

通常の経済的な外的環境の変化ではなく，予期せぬ自然災害による外的環境の激変が組織の行動姿勢と業績にどのような変化を与えたのか。分析結果からは，EOへの直接的な影響は統計上有意な結果はみられなかったが，影響が大きかった企業では，その後の業績に，EOが強く影響を与えていることがわかった。

では，実際の被災企業の実態はどうだったのだろうか。多くの企業が廃業を余儀なくされる中，どん底からはい上がり業績を伸ばす企業には，どのような特徴がみられたのか。統計データからは見えにくい被災企業のマネジメントを描写しながら，以下では被災企業2社に焦点をあてて，その回復プロセスをみていくことにしよう。

2. 大震災で打撃を受けた企業の回復ストーリー

2.1 分析のねらいと調査

大震災で打撃を受けた企業が，震災直後から3年間どのような行動をとってきたのか。その実態を把握するために，企業インタビュー調査を実施した。

企業の選定に際しては，先に示した2011年と2014年の2時点データベースを用いている。被害の条件を揃えるため，津波の影響を直接受けた宮城県と岩手県の企業に絞り，その中から震災直後の2011年調査で「甚大な影響があった」，さらに震災3年後の2014年調査でも「依然として甚大な影響が残る」と回答のあった企業すべてを抽出した。その結果，2社が特定され，その経営トップ[13]に対して2014年の秋にインタビュー調査を実施している。

調査に際しては，「震災の影響とその後の事業の回復状況」，「震災への向き合い方と取り組み姿勢／行動」，「EOの水準やその変化を促す要因」を中心に半構造化したインタビュー調査の方式を用いて，経営トップに自由に語ってもらい，その音声データをテキスト化し分析に活用した。同時に，対話を通じて

図表4-8　事例企業の基本プロフィール

	A社	B社
大震災の影響度[14]	5.00	5.00
創業年	1979年	1949年
従業員規模	49人	42人
資本金	10,000千円	50,000千円
業種・ビジネス内容	鮮魚出荷・生鮮加工	食品添加物・工業用薬品・医薬品等の販売
売上伸長率09／08	104%	112%
売上高2010	20億円	35.5億円

※上記の情報は2011年調査時点

2011年ならびに2014年調査での回答内容の確認やその意味・背景の理解を深めることにも努めた。

　ここでの調査の目的は，特定の企業事例の紹介ではなく，自然災害から早期に回復するための鍵概念とマネジメントプロセスの発見と概念化であるため，あえて個別企業名やそれがわかるような情報は極力省き，経営トップの直接的な語りの中から，客観的に主題に対する中心因子を抽出する作業スタイルをとっている。

　分析対象企業の基本プロフィールは図表4-8のとおりである。いずれも規模はそれほど大きくはなく，業歴も若年というわけではなく一定のビジネス経験の蓄積がある。震災前の業績も両社とも悪くなく，年商も20億円を超し規模が小さい割には大きな商いをしていたことがわかる。業種は異なるものの，両社とも沿岸部に本社を置き大震災による影響は後に述べるが極めて大きかった。

　それでは，こうした被災企業の経営の実態はどうだったのだろうか。大震災の影響とそこからの回復プロセスについて，経営トップの語りを通じて考えてみたい。

2.2 А　社

2.2.1　ストーリー

■震災の影響

　A社は，1979年に創業した生鮮魚の卸売・加工業を主とする従業員49人の中小企業であった。工場を併設するA社の本社は，2011年3月11日の津波によって壊滅的な被害を受けた。そこは，がれきの山と，どぶのような湿地帯に姿を変え，本社工場は中心の柱のみ残った。そのあまりの恐ろしさのため，パニックを起こした人，生き残ったものの本社を去った人など，従業員は半数近くに減った。

　震災から約3か月後の生鮮魚が水揚げされる日までは，売上がまったくたたずビジネスに関わる費用はすべて自己資金でまかなった。ただし，仕入れ費用も発生しなかったので，負担は従業員への給与支払い程度で済んでいた。また，震災の後，ビジネス面での支援の声は全国から上がったものの，放射線汚染の問題ともからみ「生ものはだめ」と取引先から注文がついた。生ものを百貨店の地下食品売場で販売する，というのは無理であった。震災支援といえども，日本では安全や安心が優先された。

　震災前と震災後（2014年9月）のA社の事業の変化を比べると，震災前は，生鮮関係で7割の売上，水産加工で3割程度の売上があった。それが，震災直後は売上はまったくなかった。しかし，震災3年半後で，なんとか生鮮関係は100％震災以前の状態に戻った。その一方で，水産加工関連はまだ工場を再建できていないため（計画はあるが）依然として売上なしの状態が続いていた。

　今後，社長はどのように事業を展開しようと考えているのか。実は，社長の頭には，震災前からある事業への想いや方針が明確にあり，震災後もその軸にブレはなかった。それは，生鮮魚の加工品の輸出を優先するという考えである。

■震災との向き合い方

　社長は，昔は大手水産会社が手掛ける缶詰，レトルトなどを馬鹿にしていたが，安定した雇用のためにもこれに着手しないといけない，と考えるようになっていた。もともと，生ものは，ある時とない時が極端で経営が安定しない。「生もの文化」は今後先細り，相手にされなくなる時代が到来すると考えていた。一方，大手水産会社は，自分たちで漁をして，人件費，土地の安い海外に工場をつくって加工する。そして，その勢いはますます加速して，A社への加工委託も減少するとみていた。さらに，日本は今後，少子高齢化で人口減を迎える。

　こうした事業環境の変化に，社長はますます海外に目を向ける必要性を感じ，アジアを中心に輸出を展開する事業を構想していた。そんな矢先に震災が起きた。しかし，その想いは萎えることはなかった。むしろ，これを機会にますます強まっていった。社長は，とにかく早く加工工場を再建したかった。加工品を輸出する考え方は震災前からあり，すでに極東ロシア地域と商談を重ねていた。ライセンスがまもなく発行されるという時に震災が起きたのである。

　大震災の影響をバネに，社長の事業継続と新しい取組みへの想いは強まっていった。加工品の輸出の他に「とる漁業から育てる漁業へ」の取り組みも始める。社長は，今後，魚資源が少なくなることについては以前からわかっていたので，何か新しいことへの挑戦を常々考えていた。海や魚からは離れられないというもどかしさがあり悩むものの，やはり赤潮や台風など自然現象からの影響は大きく，本格的な育てる漁業に向けて計画的生産や販売を意識する必要があった，と語る。

2.2.2　分析

■EOの水準

　図表4-9はA社のEO水準の変化を示したものである。震災3か月は，津波被害の影響を直接受けながら売上がなかった状態であった。その頃のA社の革新性（新たな取組み／工夫），先駆性（顧客や市場への積極的なアプローチ

図表4-9　A社のEOの水準

	2011年（震災4か月後）	2014年（震災3年後）
震災の影響	5.00	5.00
〈EO〉		
革新性	6.00	5.33
先駆性	6.33	6.00
リスク負荷	5.67	4.33
統合化EO	6.00	5.22
〈経営成果〉		
直近の業績：売上	減少傾向	増加傾向
直近の業績：収益	黒字基調	黒字基調

／先取り姿勢），そしてリスク負荷（リスクを負う姿勢）は，平均値を大きく上回っていた（2011年調査:革新性6.00，先駆性6.33，リスク負荷5.67，統合化EO 6.00）。

　早く工場を再開したい，地域を復興したい，という想いがそこにあったようだ。経営者としてのみならず，個人の生活も過酷な状況が続く中，生きるために，前のめりになるしかなかったことがうかがえる。子供の悲痛な叫び声や自分の育った地域の無残な姿を直視して，普通なら気持ちが萎えてしまうであろう。

　A社社長は，家族が，企業が，地域が，かつての活気を取り戻し，活き活きしている姿を思い巡らし，諦めず攻める戦略姿勢を早期に打ち出した。大震災から3年がたつ間に，鮮魚出荷は回復したものの，生鮮加工はまだだった。ただし，その間にも，震災前から計画中であった「加工品の輸出」や「育てる漁業」への想いは抱き続け，震災を契機にさらに強めていった。こうした常に挑戦する姿勢は，震災前，震災直後（3か月），震災後（3年）も一貫していたようだ。

　壊滅的な津波災害によって，そのマインドが減退するのではなく，むしろ強

まっていった。震災3年後は，震災直後（3か月後）よりは，EO水準は若干低下したものの，依然として高い水準を維持していた（2014年調査：革新性5.33，先駆性6.00，リスク負荷4.33，EO 5.22）。「危機」が「生きなければならない」，「地元を救わなければならない」というマインドを奮い立たせてEOというエンジンを稼働させたのではないだろうか。

■EOを促す要因

　3.11の大震災は社長を含め従業員の生活を一変させたことは間違いない。そこには，社長個人としてのショックと企業経営者としてのショックの二重の苦しみがあり，苦闘の日々であったことは容易に想像がつくであろう。しかし，震災後の経営姿勢や対応は驚くほど迅速かつ前向きであった。嘆き，悲しみ，愚痴など後ろ向きな発言やマインドはあえて封印しているようであった。震災後，先を見据えたビジネスマインドが萎えることはなく，EOも高い水準を維持していた。いったい何がそうさせたのか。何が社長を突き動かしたのであろうか。その理由について，以下のように社長は語っている。

　　「本社工場，きれいな工場だったんですよ。海の近くだったので，きれいなレストランと間違うくらい。それが，こっぱみじんに，なくなってしまって，荒れ果ててしまった。何もかも失ってしまって，子供が泣き狂った状態をみた時，これはどんなことがあっても，元に戻したい，というそんな気持ちになりました」

　　「大切な子供が私のそばで働いている。この子達とともに，ここからはい上がっていかないことには，私たちはこの地を捨てることになってしまう。まず，私が動かないとこの地域が活性化しない。子供たちと一緒にやらなければ，大げさにいえば，自分の城を捨てることになる」

　社長は地域の中でも一目置かれている存在であった。これと決めたら一直線に行動するタイプで強い個性を持つとの噂があった[15]。震災以前から会社と地域の将来に問題意識を持ち，加工，海外輸出，養殖など新しい形の漁業を模

索してきた。津波によって工場を失い，売上ゼロが3か月続いていても，会社とともにその土地の復興を第一に考えて，子供たちの元気の源を取り戻すために，ビジネスマインドを低下させることはなかった。

　大切な子供や家族の笑顔，育てられた地域の復旧と復興，これらの思いが社長を突き動かしたのではないだろうか。それは，長きにわたり，家族，従業員，地域との間に培われてきた相互の太い絆が，社長にとって何よりも大切で守るべき核となる柱，すなわち心理的支柱（社会情動的資産（social emotional wealth: SEW）[16]）と認識できたからだと考えられるかもしれない。

　想像を絶する悲しみの中で，守るべき絆という支柱の存在に改めて気づかされ，そのことが社長を奮起させたのではないだろうか。震災前から，A社は業界では目立つ存在で，他社より常に一歩先をみて，大胆に取り組む姿勢ではよく知られていた。震災後もそうした行動姿勢は健在で，むしろ，それが強まったといえるだろう。

2.3　B　社

2.3.1　ストーリー

■震災の影響

　B社は，食品添加物・業務用食品・医薬品等を扱う従業員42名の中小企業である。1949年の創業で東北地域以外にも営業拠点を持ち年商35億円を稼ぐ。

　2011年3月11日の津波と大地震により，本社，事務所，倉庫，冷蔵庫など建物が全壊した。また，建物の他，商品も流出して一瞬にしてすべてを失った。研究室の機械とコンピュータシステムも使用不能に陥った。当時，本社にいた12名の従業員は2階へ避難し，その後，倉庫の屋根で助けを待った。周りの道路は大渋滞で停電も発生していた。10m規模の津波が社屋を突き抜け，残ったのはコンクリート建物の柱のみであった。翌日に200mほど離れた場所に全員が避難した。そして，4日後に自衛隊による救助と支援で自宅に戻った。

　震災1週間後，津波の被害がなかった社長の自宅を仮事務所として，後片づ

けをしながら営業を始めた。コンピュータシステムは使用不能であったものの，システムのバックアップをとっていたため，4月初めには一部のシステムを稼働することができ，地方支店のシステムを利用して本社機能の補充を行った。

　震災から2か月後，本格的に事業を再開するために，インフラが整っている場所を事務所として探したが，近場は家賃が高かった。結局，内陸部で知人の事務所を借りることができ本格的な事業の再開に向けて動き出した。2011年の12月に現在の場所に戻ってきている。

　震災当時，本社と支店あわせて3拠点で営業をしていたが，震災の影響のなかった地方の支店で約5割の売上があったため，震災直後においても売上が皆無というわけではなかった。

　ただし，震災後，東北地域の得意先も甚大な被害にあったため売上も減り，余剰人員の整理を行い7名には退社してもらった。同時に，全社の売上確保のために2011年6月に，震災の被害のなかった地方に新たに2か所，営業所を開設しそこに社員を派遣した。

■震災との向き合い方

　震災の影響は自社にとどまらず，得意先を含めて顧客全体に及んでいた。その結果，顧客は2〜3割ほど減り，この傾向は震災から3年半たっても続いた。さらに，生産体制や流通体制の整備の遅れから，他の業者に棚（仕事）がとられて，それが需要減に拍車をかけていた。震災前と比べて震災3年半後の時点では，売上は約8割の水準になっていた。

　その一方で，B社の経営陣は新規開拓のために早々と手を打っていた。震災3か月後には，地方に新たな拠点をオープンし売上の巻き返しの動きに出ていた。

　実は，この地方拠点の整備計画は，震災前から構想があり計画が進められていた。そこに津波が本社を襲ったのである。新たな投資への是非について役員会で議論になったが，予定どおり新拠点をオープンすることになった。緻密な事業計画による新規顧客の開拓には以前から確信があったようだ。

第4章　EOは危機に有効か　東日本大震災と向き合う小さな会社の分析　107

そこに，大震災の影響が加わり，逆に役員一同「守りから攻めに出る」ことで考えが一致し営業店を開設した，という。ただし，これは冒険ではなく，あくまでもコストに見合うリターンを確信した決定で，結果として売上もついてきた。

B社には，昔から利益の配分に関する暗黙のルールがあった。それは，「従業員は，会社のために生活を無にすることはない。利益の3分の1は従業員へ，3分の1は役員へ，3分の1は株主へ」という考え方である。これを従業員全員が理解していた。

震災直後は，会社の危機的な状況を回避するために，役員も従業員も全員給与は減額となった。しかし，3年後には，元の水準に戻った。昇進も開始した。がんばれば利益を従業員に配分する，ということは震災前から全員がわかっていたのである。こうした従業員を大切にする組織文化が醸成されていたことが，危機的状況下で，全員が一丸となって，我慢と攻める経営を後押ししたと考えられよう。

さらに，B社は競合他社と比べて，利益追求の戦略姿勢は決して譲らない。そのため，価格では勝負することは避けて技術ノウハウで勝負していた。利益が出ない商売はやらない，という強い経営姿勢も貫いていた。

2.3.2　分　析

■EOの水準

図表4-10はB社のEOの水準とその変化を示している。震災直後（3か月後）の革新性は5.67，先駆性は5.67，リスク負荷は5.00，統合化EOは5.44であり（2011年調査），比較的高い数値を示した。

10mもの津波によって一瞬にして本社が破壊され，すべてを失ったB社であったが，その1週間後には社長の自宅を仮事務所として，後片づけをしながら営業を始めている。その3か月後には，震災前からの計画を変更せず地方に営業拠点を設ける。余剰人員の整理や給与カットとともに，新たな場所での新規顧客の開拓など震災直後から矢継ぎ早に攻める姿勢を見せた。

図表4-10　B社のEOの水準

	2011年（震災4か月後）	2014年（震災3年後）
震災の影響	5.00	5.00
〈EO〉		
革新性	5.67	4.67
先駆性	5.67	5.67
リスク負荷	5.00	4.67
統合化EO	5.44	5.00
〈経営成果〉		
直近の業績：売上	増加傾向	増加傾向
直近の業績：収益	黒字基調	黒字基調

　こうした組織全体の行動力や役員の大胆かつ冷静な戦略の意思決定は，その原動力として戦略駆動力EOの高い値とも一致している。そして，大震災の被害が引き続き残る中でも，前向きな行動姿勢は衰えることなく，震災3年後のEOの値は，若干その水準は下がるものの，依然として高い状態を堅持して果敢に市場を責め続けている。(2014年調査：革新性4.67，先駆性5.67，リスク負荷4.67，統合化EO 5.00)。

■EOを促す要因
　B社が，甚大な津波の被害を受けたにもかかわらず，その直後から事業の回復に向けて攻める姿勢（高EO）に転じられたのはなぜだろうか。そこにはいくつかの理由がみられた。
　第一に，B社には過去から積み上げてきた「余剰資金」があった点である。また，無借金経営を続けるなど，危機に強い財務体質であったことも幸いしたかもしれない。その背景には，逆に言うと自社の事業環境がいつ悪化するかわからない，そんな「過酷な経営環境の中にいることを自覚（認知）」していた

とも捉えられよう。冷凍食品への毒物混入問題などがクローズアップされる度に，間接的ではあるが，当社の食品添加物へも飛び火してくる。自社がそうした事業環境下にいることを常に認知して準備を整えていたといえよう。

実際，震災後，B社の本業である食品添加物の事業の売上はマイナスであったが，従の食品機械のビジネスは復興需要もあり，プラスに転じて，うまくバランスがとれていた。小さい企業とはいえ，全社的な事業のポートフォリオがとれて，リスクを最小化させていたことがわかる。

第二に，全国の同業者数社でつくる「エリア会の存在」である。震災の何十年も前からあったこの会は，全国の同業者数社が数か月に一度集まり相互に情報交換をするものであった。震災直後も，この会のメンバー企業に大変お世話になったという。

例えば，原発事故の影響で販売が難しかったB社のPB商品を，北海道や大阪の懇意にしていた同業者にお願いして製造してもらっている。逆に，今後，他の地域で自然災害が起きた場合は，B社が支援する番という意識がある。そこには，危機に直面した場合，相互に扶助や協力し合う協働の精神があったと言えよう。ビジネスとしてもまた精神的にも，苦しい時の「仲間の支え」があったからこそ，震災直後，前向きになれたのではないだろうか。

第三には，「従業員を大切にする考え方」があったからと考えられる。このまま何もしなければ，確実にこれまで築いてきた会社の繁栄は終わってしまう。従業員を路頭に迷わせることはできない，という気持ちが強かったという。

早く事業をスタートさせないと，他社にこれまでの仕事を持っていかれる，という焦りもあった。まさに，従業員が生きていくために，立ち止まってはいられない。経営陣が率先して，今までの倍以上のスピードと行動力で大胆に動かなければならない，という強い思いがあったのではないだろうか。

2.4 比較分析

ここまで，2011年と2014年の2時点データベースを用いて，津波の被害を強く受けた2つの小さな被災企業の実態をみてきた。2社は2011年と2014年の企

業データベースから唯一抽出できた津波による最大被災企業であり，企業インタビュー調査によりその実態を掘り下げてきた。

以下では，その特徴を整理して，2社に共通する過酷な状況からの回復プロセスをみていきたい。特に，過酷な条件下でのEOの様相の変化とそれに影響を与えた諸条件について分析を加えることとする。

2社の比較分析の結果，震災前と比べて震災直後は，2社ともEOが一層強まったとみられる。以下は図表4-11からの抜粋である。

A社：「安定した経営と雇用確保を優先するために，水産加工品の輸出志向を一層強める」「とる漁業から育てる漁業へ」「計画的生産」「計画的販売」など。
B社：「震災後は，攻めを強化することを役員一同で決定。新規顧客開拓のため営業店をオープン」「同計画は震災前からあったが，震災による変更はせず」など。

津波による直接的かつ甚大な被害を個人としても，また企業体としても蒙ったにもかかわらず，そこに立ち止まるのではなく，2社ともに率先してまず行動を，そして攻める姿勢を貫いていた。今そこにある課題から目を背けることなく，同時に過去の繁栄を必ず取り戻すという将来に向けたビジョンも抱いていた。

A社の場合は，経営トップの意識がそうした攻めるEOと直結して会社や地元を牽引している姿が顕著であり，B社は，組織全体として従業員を大切にする意識が根付き，組織文化としてEO姿勢が理解されている傾向にあった。

この経営トップ主導EOと組織一体EOの水準は，両社とも震災以前も高く，震災によって急激に高まったというものではなかった。ただし，大震災により，生き延びるため，雇用確保のため，一層のEOの強化が必要との認識は確実に強まったと言える。そして，その後3年の間，震災の影響は長引くものの，EO水準は両社とも，若干の減少はあったものの，依然として高い水準を維持していた。

一方，震災直後ならびにその後3年もの間，一貫して従業員，企業，地域の

図表4-11　2社の特徴

	震災の影響	EOの様相	EOを促す要因
A社	震災直後から現在 　津波の被害を受け本社工場は柱だけ残る。その後は、がれき、どぶのような湿地帯。 　震災後約4か月間は、売上がなくビジネスに関わる費用はすべて自己資金。 　震災後、生鮮魚を出荷したいと言っても、「生もの」をデパ地下で販売するのは無理であった。 　震災前の売上は、生鮮関係で7割、水産加工で3割。震災後（2014年9月）は、生鮮関係のみ震災以前の状態に戻る。	震災以前と震災直後[17] 　EOが一層強化される。 　安定した経営と雇用確保を優先するために、水産加工の輸出志向を一層強化。 　また「とる漁業から育てる漁業へ」「計画的生産」「計画的販売」という意識が一層強化される。 震災直後から現在 EO：6.0（2011）→5.2（2014） 革新性：6.0→5.3 先駆性：6.3→6.0 リスク負荷：5.7→4.3 　常に前向きで積極的。震災以前からの計画に尽力。まずは生鮮を優先。生鮮が戻らないと町がだめになってしまうという強い意識。	アイデンティティ（郷土愛） 　「このままでは自分の城（人生）を捨てることになる」という思いが突き動かす。 将来世代・子供の未来 　「きれいな工場が崩れ、泣き狂った子供をみた時、これはどんなことがあっても、ここを元に戻したい」という気持ちを強く持つ。
B社	震災直後から現在 　本社は津波で全壊。商品すべてが流出。コンピュータシステム使用不能。支店のシステムを利用し本社機能を補充。震災年の12月に今の場所に戻る。 　支店で5割の売上確保。PB商品を非震災地域の懇意にしていた同	震災以前と震災直後 　より攻める姿勢（攻めないといけない姿勢）へ変化。 　震災後は、攻めを強化することを役員一同で決定。新規顧客開拓のため営業店をオープン。震災前から計画はあったが、震災による変更はせず。	再オープンへの思い 　従業員を路頭に迷わせることはできない、という気持ち。他社に仕事を持っていかれる、という焦り。 信用、相互依存 　何十年も前から同業者の間でエリア会を開催。支援を得る。お互

	業者にお願いし製造。余剰人員の整理（7名退社）。震災前と比較して売上は8割。 　顧客は2〜3割減。他社に流れる。給与は減額。しかし，3年後の6月に元の水準に戻す。	**震災直後から現在** EO:5.5(2011)→5.0(2014) 革新性：5.7→4.7 先駆性：5.7→5.7 リスク負荷：5.0→4.7 　雇用を守るためにも，攻める姿勢を持続。	い様という認識があり再建を早められた。 **資金的余裕**： 　震災前から無借金経営。

ことを想い，直面する課題とともに，不確実な将来の事業環境と戦いながら，EOを鼓舞し続けた2社の思いや動機はどこにあったのか。EOを支える社会的かつ精神的な支柱は2社で異なっていたが，一定のリスクを負い果敢に挑戦する戦略姿勢の背中を押す基盤は確実に存在していた。

　A社の場合のそれは，アイデンティティ（郷土愛）と将来世代・子供の未来であった。「このままでは自分の城（人生）を捨てることになる」「子供が泣き狂った状態をみた時，これはどんなことがあっても，元に戻したい」という想いが突き動かした。B社の場合は，再オープンの想いと信用，相互依存関係であった。「従業員を路頭に迷わせることはできない。他社に仕事を持っていかれるという焦り」「何十年も前からの同業者の間でのエリア会の存在とそこからの支援。お互い様という認識」が支えになっていた。

　一方，EOを支える2社に共通する財務的な基盤もあった。それは，その程度の差こそあれ，震災前から続く良好な財務状況の存在があげられる。前述したとおり，両社とも震災前の売上伸長率（09/08）は悪くなく（A社104%，B社112%），B社にいたっては，震災前から無借金経営を維持していた。

　大震災の影響を直接受けた両社は，その後，事業展開に苦しむものの，業績面では震災以前の蓄えが支えになり，復興や新たな挑戦への原資になったと考えられよう。

　こうしたいわゆる余剰資源の存在が，危機的な状況から回復に至る起点にな

るとともに，リスクを伴う攻めの行動姿勢，すなわちEO鼓舞のクッションの役割も担っていたといえるかもしれない。

3. EOが有効な条件

　本章では，まず，東日本大震災による影響を定量的に分析した。その結果，大震災によって小さな企業は甚大な被害を受けたものの，その後，業績を高めている企業もあれば低下させている企業もあることがわかった。分析の結果，その鍵を握る要因はEOにあることを指摘した。

　しかし，EOが機能しやすい条件も整っていた。過酷な環境を低く抑え，新たな市場機会を探索できる状況に身を置き，過去の事業成果の蓄積がリスクのクッションとして行動を下支えしていた可能性がみられた。EOは本質的にリスク負荷の行動姿勢であることを考慮すると，それらを担保する基盤が必要であったことも理解できよう。

　さらに，大震災で打撃を受けた被災企業に絞った分析においても，EOが回復の鍵を握っていたことがわかった。最悪の状態から回復を遂げた企業は，今そこにある課題から目を背けることなく，同時に過去の繁栄を必ず取り戻すという将来に向けたビジョンを抱きEOを鼓舞していた。EO水準は震災以前から高いものの，大震災により一層高まっている。震災後3年も，その影響は続くもののEOは高い水準を維持していた。

　一方，EOを支える社会的かつ精神的な基盤（社会情動的資産）もそこにはあった。「アイデンティティ（郷土愛）」や「将来世代・子供の未来」，「再オープンへの思い・従業員への思い」や「同業者間の信用，相互依存関係」の存在がEOを突き動かしたのである。さらに，財務的な基盤もEOの支えとなっていた。震災以前からの，余剰資源の存在が，危機的な状況下でEOを鼓舞するクッションの役割を担っていたと考えられよう。

　EOは，大震災のような自然災害の危機に有効に機能するのだろうか。本研究からの示唆は2つあった。

第一に，予期せぬ自然災害による外的環境の激変に対して，EOの鼓舞は有効である点だ。地震，津波，山火事などの自然災害は，個人，従業員，家族，地域，顧客・取引先，企業，それぞれに深刻な被害を及ぼし回復に時間を要する大惨事である。それは，人的，物的，財務などすべての資産を一瞬にして失うためである。そこから新たに歩み出すのは至難の業といえよう。経営陣の戦略が間違っていたわけでもなく，従業員の能力が不足していたわけでもない。競争に負けたわけでもなく，顧客ニーズを把握できなかったわけでもない。だからこそ，やるせない想いも募るだろう。大切にしていた従業員も散り散りになり，これからと思っていた事業も中止になり，やる気もそがれる。通常の事業環境の危機とは次元が異なり，EOの鼓舞も至難の業といえよう。

　しかし，その最悪の状況下では，逆に高い水準のEOが必要となることが本研究から示唆された。失うものがない逆境の中で，新たな工夫と先んじた行動を，リスクを恐れずとることこそ，生き残りと回復への道程を照らす明かりとなるのである。

　第二の示唆は，とはいえEOは万能ではない，ということだ。未曾有の危機の中，EOが有効に機能するには条件も必要であった。忘れてはならないことは，前向きな行動姿勢は強まったり，弱まったり，変化するということだ。

　高い水準のEOの鼓舞，というのは容易いが，実際には相当難しい。特に，甚大な自然災害に直面して，個人的にもダメージが大きい場合は，気力も体力も失い，事業回復への思いは萎えてしまうだろう。そうした中，実証研究からわかったことは，EOを促進させる因子の存在である。

　それは，経営トップとその家族，地域社会，取引先などとの間に築かれた，太い絆にみられる社会情動的な資産の力である。これまで，救ってもらったり，育ててもらったり，言葉では言い尽くせない恩や感情が，ここでは終われない，というマインドを呼び起こしてくれたのである。すべてを失って最後に残った，絆というかけがえのない無形資産（非経済的価値）が，被災企業の回復の基盤となったといえよう。

　危機を乗り切るためには，EOというエンジンの存在とともに，その燃料と

しての有形,無形の資産の活用も欠かせない。余剰資源や経営資源の拡充が先行条件となり,また社会情動的資産が触媒条件となり,EOが有効に機能したと考えられよう。

■注
1) http://jp.reuters.com/article/2011/06/24/idJPJAPAN-21870220110624を参照。
2) 2011年調査は,株式会社電通と株式会社電通国際情報サービスと協力して実施している。
3) 2014年調査は筆者単独で実施している。
4) Miller/Covinモデルのオリジナルの9つの質問項目の内,第一番目の革新1の項目は因子抽出のプロセスで除外している。そのことは,Hansen, Deitz, Tokman, Marino and Weaver（2010）やRunyan , Ge, Dong and Swinney（2011）が指摘するとおり,全体の構成概念の意味を壊すものでもなく,彼らを含めて多くの実証研究（George and Marino, 2011; Anderson, Kreiser, Kuratko, Hornsby and Eshima, 2014）でも革新1が除外されて分析が行われている点も考慮すると,本分析でも大きな影響はないと考えている。
5) 2011年調査では市場占有率の伸びを聞いていないので,2014調査のみ3項目による統合指標となっている。
6) 同様の分析を影響度5グループと影響度1グループとで実施したが,結果はほぼ同じで2011年直近の売上にのみ統計的に有意な差が認められた。
7) なお,震災後4か月で影響大と答えた企業の中で,赤字企業の割合は24.3%と比較的少ないことがわかった。この結果の解釈は今後の課題となるが,ビジネスへの被害は大きかったものの,これまでの経営ノウハウやネットワーク等の経営資源の蓄積や余剰資源の存在が収益をカバーしていたのかもしれない。また,立地場所,事業内容,企業規模や業歴なども影響している可能性は高く今後の分析課題としたい。
8) 2011年の影響大と影響小の差異は統計的に有意（カイ2乗検定＜値14.505 有意確率0.000＞）
9) 2011年の影響大と影響小の差異は統計的に有意（カイ2乗検定＜値5.957 有意確率0.015＞）
10) ここでは直近の売上状況について「増加傾向」を高業績,「減少傾向」を低業績とし「横ばい」は分析から除外した。
11) ここでは直近の採算状況について「黒字基調」を高業績,「赤字基調」を低業績とした。
12) Behavioral theory of the firm。これは企業行動の理論を示したものである。過去の企業行動の結果の一例である良好な経営成果は,その後の経営トップの戦略態度や行動様式に影響を与えるという考え方である。肯定的な考え方として,過去の高業績が経営トップの成長願望をかきたてて投資が促進され好循環が生まれるというもの。否定的な考え方と

しては，過去の高業績が安心感を通じて経営トップの投資意欲や成功願望の勢いを一定程度抑制させるというものである（March and Simon, 1968; Covin and Slevin, 1988; Covin and Slevin, 1991; Zahra, et.al., 1999）。

13) A社は社長，B社は役員へインタビュー調査を実施。
14) 両者とも，2011年調査ならびに2014年調査ともに5段階の最大値である「甚大な影響」を回答。
15) 2014年秋に実施した，A社社長を知る地域企業の社長からのインタビュー調査に基づく。
16) これはSocioemotional Wealth（SEW）のことを指し，ここでは社会情動的資産と訳している。社会関係における個人や組織との相互の結びつきから生まれる信頼と社会規範を基盤として，そこから生まれる社会資本（social capital）とも共通する特徴がみられる。本事例においては，地域や会社組織があたかも家族のごとく認識されて，経済的価値のみならず非経済的な価値としての絆や情への感情移入が強く働き，守るべき資産として経営陣にその価値が認識されたと考えられる。社会情動的資産（SEW）の概念については，同族企業経営の研究分野において研究が進んでいる（Berrone, Cruz and Gomez-Mejia, 2012; Cennamo, Berrone, Cruz, and Gomez-Mejia, 2012）。本論では，その概念に協働の概念の本質（江島，2014）を加味しながら議論している。
17) 震災以前と震災直後のEOの様相は，2時点のデータベースからは把握できず，インタビュー調査結果をもとにしている。

第5章

EOはいつ生まれるのか
逆境から甦る小さな会社の分析

㈱スマートバリューは，2015年６月16日に東証ジャスダックに新規株式公開（IPO）を果たした。しかし，約20年前は多額の負債を抱え，倒産の不安との戦いが続いていた。逆境から成長へ。この間にいったい何があったのか。本章では，㈱スマートバリューがどのようなプロセスで生き残り，成長を遂げたのか，そのストーリーを追っていく。

1. 分析のねらいと方法

　ここでは，㈱スマートバリュー（以下，SV）が逆境から甦った力を学術的な視点から解明する。

　分析にあたっては，半構造化インタビュー調査方法を用いて，複数回にわたり経営トップとの対話を繰り返してその語りの意味を分解しそこへ解釈を加えていった。約20年間の事業の変遷，経営の危機，経営姿勢や戦略行動の変化について，経営トップの語りを記録し，分厚い語りの根底にあるマネジメントの本質を見出そうとした。単独事例分析ではあるが，この方法は，定量分析では見えにくい経営の本質を浮き彫りにして，成長プロセスの要諦を発見する利点がある。

　経営トップとの対話は合計5回にわたって実施した。各回1時間から3時間，平均約2時間で，概ねのテーマは設けるものの，経営トップに自由に語っていただくスタイルをとった。毎回，記録として収集した録音テープはテキスト化し，その上で，各回のテーマとリンクする形で広くコーディング，カテゴリー化を進め，分厚い語りを整理して分析にあたった[1]。

　以下では，まず，SVの会社概要を整理し，その上で，これまでのマネジメントの道のりを追っていく。そして，その中から4つの象徴的な変化を抽出し，そこから見えてきた逆境から成長への鍵について最後に言及したい。

2. 事例の概要

2.1 会社概要

　SVは，ICT関連ビジネスを手掛ける中堅企業であるが，もともとはバッテリーの製造や電装品の販売を扱う町工場であった。創業は1928年10月，会社設立は1947年6月，㈱堺電機製作所として現社長の渋谷順（以下，渋谷社長）の

祖父が始め，1996年4月に子会社としてSVが設立されている。
　その後，組織改革を進めて，2012年7月に商号を㈱スマートバリューに改め，2013年3月には㈱堺電機製作所を売却した。創業当初10名程度であった従業員数は，2016年6月時点で268名，売上高は67.7億円と着実に成長を続ける。そして，2015年6月16日には東証ジャスダックに新規株式公開（IPO）を果たす。
　現在のSVの事業は「クラウドソリューション」と「モバイル」を軸に，「地域情報クラウド事業」，「モビリティー・サービス事業」，「クラウドプラットフォーム事業」，「モバイルセグメント事業」の4つの事業で構成されている。組織体制もそれに合わせて事業部制を採用し，3つのディビジョンからなるクラウドソリューション事業部，1つのディビジョンからなるモバイル事業部，そして経営管理部門を設置し，各セグメントに担当役員を置く[2]。
　1つ目の地域情報クラウド事業では，主に地方自治体をクライアントとして，自治体ウェブやメール配信を通じてわかりやすく生活情報を提供する。また，子育て支援アプリ／地域のごみ出しアプリ／観光・防災アプリ，防犯情報，震度速報や気象警報をポータルサイトやSNSにつなげるJ－ALERT連携サービスなども手掛ける。
　2つ目のモビリティ・サービス事業は，SVが力を入れるサービスの1つで，いくつもの実証実験を進めながら新しいサービスを立ち上げている。例えば，テレマティクス（次世代の自動車向け情報）サービス「CiEMS」は，車に小型の故障診断デバイスをつけて，リアルタイムの運転状態の情報を表示する。また，取得した情報をもとに運転者に対して音声でエコ・安全運転のアドバイスを提供したり，運転成績表を提供したりしている。
　そして，2015年4月には，「CiEMS 3G（シームススリージー）」をリリースする。従来の運行管理システムを改良して，3Gモジュールを内蔵したデバイスで，誰でもワンタッチで装着できるようにした。
　3つ目の事業は「クラウドプラットフォーム事業」で，主に自社のデータセンターを活用しながら企業向けに，システムやアプリケーションの開発，クラウド基盤の活用，監視システムの構築と運営を手掛ける。企業がメールやグ

図表5－1　会社概要[3]

会社名	㈱スマートバリュー
代表取締役社長	渋谷　順
本社	大阪市西区靱本町2丁目3番2号　なにわ筋本町MIDビル4階
設立	1947年6月
従業員数	268名（2016年6月30日）
売上	63.7億円（2014.6）　64.3億円（2015.6）　67.7億円（2016.6）
経常利益	1.5億円（2014.6）　2.1億円（2015.6）　2.8億円（2016.6）
事業内容	「地域情報クラウド事業」,「動態クラウド事業」,「クラウドプラットフォーム事業」,「モバイルセグメント事業」
株式上場	2015年6月16日　東証ジャスダックに新規株式公開

ループウェアをSVのデータセンターに設置することで，従来の「各拠点➡本社➡デーセンター」のルートを「各拠点➡データセンター」へと直結させ，通信の最適化によるコスト削減や事業継続性（BCP）対策を可能とした。

　4つ目は「モバイルセグメント事業」で，その中核はドコモショップの運営にある。現在，大阪府堺市と岸和田市にある6店舗のドコモショップを運営している。また，これら地域の拠点を活かして，顧客との接点の強化や社会的な課題解決に向けた，ネットいじめ防止プログラムやスマートフォン教室の開催など様々な活動に取り組む。

　こうした4つの事業を軸にしながら，SVは情報通信企業としてビジネス展開を図る。そして，その先にSVが目指すところとして「社会課題をクラウドサービスで解決する企業」を掲げ，日々，社会の課題解決に挑戦している。

　売上高および経常利益ともに好調で，2014年から2016年まで毎年業績を伸ばしている。2014年の売上高は63.7億円，経常利益は1.5億円で，2016年には，それぞれ67.7億円，2.8億円と着実に増加している。

　しかし，ここまでたどり着く道のりは平易ではなかった。道なき道を，辛抱強く，一歩ずつ踏みしめて歩んできた。大胆で格好の良いビジネスストーリー

ではなく，極めて地味なプロセスであった。ただし，そこにこそ成功の本質が潜んでいたのではないだろうか。

ほんの少しの覚悟の違いが，SVの成功プロセスにはみられた。小さな会社が事業を軌道に乗せ，成長させていく鍵は，実際のところ，他社と比べてもほんのわずかなマネジメントの違いしかないのではないだろうか。しかし，その小さな違いこそが，大きな成果を生み出す秘めた力となっている。SVがどのようなプロセスを経て，現在の状況に至ったのか，以下，詳しくみていくことにしよう。

2.2　過去から現在への道のり

■ICT関連ビジネスへの参入——町工場からドコモショップ運営へ

渋谷社長が㈱堺電機製作所に勤め始めた1980年代の中頃は，自動車の電装部品の製造，修理，販売が主な仕事であった。しかし，その頃から時代の変化は始まっていた。それは，NTTが開発と普及を進めようとしていた移動体通信ビジネスである。

当時のNTTの主力事業はもちろん固定回線によるものであったが，その端にまったく脚光を浴びていなかったが自動車電話事業もあった。事業規模としては小さかったものの，車の室内に配線を張り巡らしたり，車載器の設置や電源の配置，ノイズの排除などメンテナンスを含めた細かい作業を引き受けてくれる会社があまりなかった。自動車の電気回りを専門に扱う電装業界に身を置いていた関係で，電電公社（後のNTT）の頃から付き合いのあった㈱堺電機製作所に依頼が舞い込んできた。

そもそも，当時まったく主流ではなかった自動車電話に関わる仕事は，ほとんど儲からない，仕事も年に数件程度しかない状況で，昔からのお付き合いの延長線上という意味合いのみで，引き受けたという。

このお付き合いの仕事の量は，少しずつだが増えていった。そして，そうこうしているうちに，NTTは「Mova」という小型の携帯電話の販売を始める。しかし，販売ルートが見当たらない。そこでこれまでのお付き合いから再び㈱

第5章 EOはいつ生まれるのか 逆境から甦る小さな会社の分析

堺電機製作所に相談が舞い込んできた。渋谷社長によれば，当時のNTTからの相談内容は次のようなものだったという。

> 「これ売っていきたいんやけど，僕ら（NTT）が知っている民間のネットワークって，この自動車電話の修理とかメンテナンスをやってくれた人達しかないのよね。それで声かけたんだけど，どうだろうか」

同様にNTTは他の自動車電装業界の会社へ声をかけたが，全体の半分くらいに断わられたようだ。当時は，どこも携帯電話が今のようにこれだけ普及するとは思っていなかったと渋谷社長は振り返る。むしろ，そこで携帯電話事業に手をつけた企業は，当時の自動車電装事業が思わしくなく，そこに危機感を抱いていた企業であった。つまり，ビジネスが安定していた企業は，新たな仕事には手をつけず，将来が不安な企業がのってきた。

㈱堺電機製作所は，お付き合いと今後の不安が入り混じる空気の中で，渋谷社長（当時は一従業員）自らが対応することになった。しかし，そもそもそれほど売れるビジネスとは思えなかった。今では国内の携帯電話の契約回線数は1億5,000万を超えるが，当初はまだ数十万回線程度であったという。また，売るルートも持ち合わせていなかった。お客様のところへ直接出向いて，ひたすら一台一台売りに歩いた。

この必死さが目に留まったのか，NTTの担当者に評価されてNTTが今後展開しようとするショップ（今のドコモショップ）への参画を打診された。それは1994年のはじめで，同じ年の2月に渋谷社長の父親（当時の社長）が他界している。生前に，ショップへの参加について「俺はまだ早いと思うねんな」と語っていたそうだ。その後，NTTから出店依頼の要請が続く中，「その時はもう一か八かでやろう」という気持ちで踏み切ったと渋谷社長は語る。

ただし，その決断の背景には，NTTの岸和田センターが閉鎖になり，その場所をそのまま使ってよいという話があり，そのことが出店の後押しとなっている。現在，関西に300以上あるドコモショップの第4番目で，ドコモショップ運営の先駆けとなった。現在では，大阪府堺市と岸和田市にあわせて6店舗

を運営し，事業ドメインの1つである「モバイルセグメント」の柱として事業を展開している。

「Mova」の手売りの時も含めて，長く取引をさせてもらっていたことがNTTに評価され，早い時期に声をかけてもらい，1店目の後も次々と出店を可能にしてくれたのである。NTTドコモの担当者との属人的な信頼関係が築かれていたことが大きかったようだ。

■インターネットプロバイダー事業の始まりと終わり

その後，渋谷社長はドコモショップ事業から離れ，1996年頃からインターネット関連事業に主軸を移していく。これまでデータ通信やモバイル環境で仕事をしていたことから，直観的にその時代が来ると感じていた。その予感は，もちろん他の経営者や起業家にも同じようにあっただろうが，そのドアは誰にでもオープンであったことに心が動かされた。

渋谷社長は，まずはインターネットのプロバイダー事業からスタートした。自ら独学で勉強して，簡単なUNIXのコマンドを叩く程度のIT技術は身につけていた。

顧客ターゲットは，地の利がある堺市として会員獲得に取り組んだが，結局はNTTの協力が決め手となった。NTTは当時，ISDNなど通信回線サービスを売り物にしていたが，そうしたサービスを販売する際に必ずプロバイダーの話が出てくる。顧客がISDNの回線を引くというのはインターネットを利用したいからで，その時に必要なのがプロバイダーとなるからだ。NTTの営業マンがセットでプロバイダーの申込書を持参して営業を行ってくれたことが功を奏したのである。

しかし，この連携は最初は良かったものの長続きはしなかった。1998年頃から大手プロバイダーが登場し，NTTとの関係も揺らぎ始めた。当初集めた会員数のピークは3,000件を超えたが，その後伸び悩み価格競争にも巻き込まれ，2000年頃にプロバイダー事業を売却することになった。渋谷社長は当時の状況を次のように述べている。

「大手プロバイダーが出たら一気に会員さんが鈍化傾向になった。もう本当にスピードが速かったです。僕らはあの商売のスピードに慣れていなかったんです。会員さんの獲得数が上がったと思ったら落ち始めて。価格競争も厳しくなって。結局のところは設備産業なんです。だから，最初のうちにファイナンス力なりで，もっとやりきらないとたぶん勝てないんです。よっぽどの強みを持たないとだめ。でも，その当時そんなこと全然考えてなかったですから。のんびりしたもんでした。」

　インターネット時代の到来が新たな事業機会を生み出し，そこに自分自身の関与できるビジネス環境を渋谷社長は発見して，事業を順調にスタートさせた。楽天など大きく成長を遂げた大企業も含めて，当時は皆が横一線に並んで「よーいどん」と競争が始まった。そこで，渋谷社長は確かな手ごたえをつかんでいた。
　しかし，魅力的で平等な事業機会であったからこそ競争も激しかった。また，後に説明する父親の時代から残った負債がまだあり，借金を返し続けないといけない負担も新たな市場へ攻める体力を減退させていたのかもしれない。ただし，失敗は失敗であった。自ら立ち上げたインターネットプロバイダー事業を自ら終焉させたのである。振り返ってその時の気持ちを次のように語っている。

「僕に根性がなかったっていうだけだと思います。それと同時にやっぱりファイナンス的な感覚が，彼ら（他の大手企業）みたいな形ではなかった」

■負の遺産と失敗

　渋谷社長の父親は1994年2月に突然他界している。祖父の時代から続けてきたバッテリーの製造や電装品の販売を扱う町工場を切り盛りしていた。また，ほぼ時を同じくして，渋谷社長はNTTからの後押しもありドコモショップへの参加を決断する。
　生前，父親はドコモショップへの参加は時期尚早との意見だったようだが，

渋谷社長は思い切って一歩踏み込むことにした。そして，1996年4月には今のICT事業の原点となるSVが子会社としてスタートし，インターネット関連事業も始めた。

　当時，渋谷社長はICTに軸足を置いて事業を進めていく覚悟を決めるものの，会社に残る負債の現実にも驚きを隠せない状況であった。父親が他界する数年前の1992年には，会社が多額の有利子負債を抱えていた。祖父の代から続く大切な事業ではあったものの，このままでは破綻することは間違いない状況で，「ゲームチェンジ」をせざるを得ない事態に陥っていた。

　こうした負の遺産を抱えながらも（あるいは抱えていたからこそ），渋谷社長はICTという，新たな分野への参入を果たす。倒産という恐怖心が行動を促したのかもしれない。当初は，サバイバルからのスタートであった。

　渋谷社長は，「起業家とかベンチャーとか，そんなかっこ良いものではなく，生きるための，会社をつぶさないための，従業員を路頭に迷わせないための」，そんな気持ちで日々，会社を切り盛りしていたと語る。

　何度か，給与を月末に支払えないかもしれない，と思う時期があった。入金がないと支払えないので綱渡りの状態だった。当時の状況について渋谷社長は，次にように振り返る。

> 「サラリーが払えなくなるかもということは，（従業員に）ばれるんですよ。朝，銀行に行くと（給与が）入ってないから。（従業員の）奥さんから電話がかかってきたり，お父さん口座にお金入ってないよとか，そんな感じのことがあると，組織は悪い方向に動きますよね。退職者が出たりします。改めて，これはあかんな，と思いましたね。もっと，やらなければならない，もっと成長しないといけない，という気持ちが強くなる」

　その後，地道な努力が実を結び，モバイル事業は軌道に乗り，過去の負の遺産が減少し始めた。しかし，その矢先，自ら始めたインターネット事業が失敗を繰り返す。その後持ち直すものの，新たに始めたクラウド事業も当初は苦戦

し，負債を背負うことになる。再び，財務面で苦境に立たされることになった。ただし，今回は過去の負の遺産によるものではなく，自ら引き起こしたもので，失敗の責任を痛感し倒産への不安が改めて高まった。

　これまでみてきたドコモショップの運営やインターネット事業は，すべてその道のりを遡れば，㈱堺電機製作所に行きつく。ICT関連ビジネスへの参入のきっかけは，祖父の代から続く町工場の事業から広がる取引先との関係性にあった。そのつながりなしには，今の成功への経路は簡単には見出せなかったといえよう。
　しかし，そうしたプラスの資産とともに，残念ながらマイナスの資産も残っていた。さらには，自ら引き起こした事業の失敗も倒産という不安をあおっていた。長い年月をかけて発展し生き残ってきた会社であったので，何としてでも倒産を回避したい懸命さ，必死さ，覚悟が，その後のICT関連事業の発展の原点になっていたようだ。

■転機となったクライアント──大阪府と堺市

　前述したインターネットプロバイダー事業の売却に関して，買い手側はまとまった会員がほしかったので，当時2,000会員程度しかなかったが問題なく取引が成立した。ただし，そこでは個人の顧客のみ移し，法人の顧客は残した。当時から，プロバイダー事業以外にホスティング事業も行っており，これも残した。数は少なかったが，地方自治体向けのサービスも扱い，「インターネットに関わる仕事は何でもやる，ホームページ作りも含めて何でもやる」というスタンスで営業にあたっていた。
　地方自治体の中でも，特に大阪府へのアプローチは頻繁で常に府庁に通い詰めていた。そんな折，2001年に大阪教育大付属池田小学校で極めて残酷な殺傷事件が起きて全国的に注目を集めることになった。過去に例をみない残忍な事件に対しての憤りとともに，いかに子供の安全と安心を確保するのか，という問題意識が全国に広まった。国や自治体，学校，コミュニティでもその対応に

向けた検討が始まっていった。

　事件が起きた地元である大阪府の意識も高く，当時の大阪府知事から，ITを駆使して子供を守るシステムを検討する，との表明があった。それは犯罪情報メール配信の仕組みである。

　当時の状況では，事業規模も小さく，やり方もわからない，そんなリスクのある事業は大手はやりたがらないだろう等の事情でSVへも声がかかり，頻繁に大阪府庁へ通い続ける中で，検討の結果，事業を請け負うことができた。府の担当者とは頻繁に議論を交わし相談にものり，「こんなことできるか」との問いに対しても，必ず「やりたい，やります，できます」という，出た宿題は必ずこなす関係を構築していた。こうした信頼関係が築かれつつあったことも，声がかかったことの背景にはあるのでは，と渋谷社長は語る。

　このメール配信システム開発を契機に，そのモデルの導入を大阪府下の市町村へ働きかけていくことも可能となった。お陰で多くの府内市町村から契約が取れた。この一連の動きと取組みが2003年頃で，会社の１つの転機になっている。

　時をほぼ同じくしてもう１つの出来事が起きた。それは，2004年に，堺市が整備したインキュベーション施設の中に小さなデータセンターを整備したことだ。建築費やそれに付随する自家発電，バッテリーなどの設備は堺市側が負担して，ラックやネットワーク機器などはSV側が負担した。このきっかけは，地元である堺市役所に長きにわたって営業をかけていた流れの一環であった。

　そもそもインキュベーション施設を堺市が整備するに至った背景には，地域のベンチャー支援や新規事業の創出といった産業政策の流れがあった。その中で，総務省が地域インターネットデータセンター構想を打ち出し，新事業の創造やベンチャー支援には，ITやインターネットのインフラは不可欠という流れができた。時代の流れ，政策の後押し，長いお付き合い，がデータセンター事業へ導いてくれたのである。この堺市のインキュベーション施設は今でも，S-Cubeという名称で中百舌鳥にある。

　大阪府と堺市での新たな事業のスタートは，SVがこの後，事業を進めてい

く上での重要な基盤となっている。振り返って，これらの事業による恩恵について渋谷社長は次のように語っている。

> 「（データセンター事業に関して）毎月，確実に安定的に収入が入ってきますから，（昔の）あれだけしんどかった頃から比べると，こんなに安定したのはない，ありがたかったです。（大阪府のメール配信事業に関しても）小さいですけど，それでもまとまれば毎月，安定的に収入が入ってきますから（ありがたかった）。プロバイダー事業売却後の2年くらい，すごくしんどかったんですけど，その後ぐっと転換するところまで至ったのはもうそこがあったからですね。」

地方自治体へ営業するまでは，渋谷社長はとにかく様々な企業へアプローチしていた。1990年代の中頃，もともとは，携帯電話の事業で関わりのあった大手メーカーへ「こんなインターネットの仕事をつくりました」「こんな仕事はありませんか」など小さな仕事を含めた企画営業をしていた。ところが，提案する仕事はすでにほぼ垂直統合で押さえられていたり，自社の汎用機を使って提供していたりして，ベンダーロックの世界が確立されていた。

彼らからすると「何をしに来たのか」「俺らに喧嘩売りに来たのか」という感覚で，話にならなかったそうだ。それならということで渋谷社長は，彼らの営業先や取引先はどこかと考えた。その思考の中で，自分たちの話を聞いてくれる，相手にしてくれそうだ，という理由で地方自治体を思いついた。

大手メーカーとの取引が無理なら，その先のエンドユーザーと直接取引をすればよい。ごく普通の素直なロジックだ。技術的にも引けをとらないし，スピーディできめ細かい対応が可能であり，さらに費用も安くなる。そんなことを考え動いた。

その頃，地方自治体も特定の大手企業によるベンダーロックからなかなか抜け出しにくいことに歯がゆさを感じていたようだ。Linuxやオープンソースなど，新たなシステムに伴う利便性やコスト削減の相談はよくあった。堺市のように地域のベンチャー企業を育てたいという政策とも呼応して，大手メーカーが握っていたビジネスの牙城を，SVが先んじてじわじわ壊していった。渋

谷社長曰く，

> 「その牙城が崩せるわけがないって多くの中小企業は思ってたんです。でも，僕が行き始めると，彼らも実はその大手のメーカーさんとやるのに苦痛を感じ始めていて，違うんじゃないか，（僕らも）やれるんじゃないかと思い始めたんです」

SVは，規模は小さいながらも，既存のマーケットに風穴をあけて新たな成長の機会を作り出していたといえよう。しかし，業務は相変わらず多忙であった。営業活動，事務，経理もすべて自身でやった。携帯の事業をしていればこんなに苦労はしなかったと渋谷社長は振り返る。また，大手からの嫌がらせも続いた。

例えば，某市の雇用に関わる庁内システム構築の案件があった時，すでに庁内ポータルシステムを構築した大手企業と競合になった。結果，SVが受注することになったが，雇用システム完成後，庁内ポータルシステムにつなげる際，多額の費用を要求されたことがあった。コードを数行書く，作業工程1日程度の内容にもかかわらず，小さな新規参入者へのちょっとした嫌がらせと感じられた。

■クラウド事業へのテイクオフ

2003年に入ると総務省が推進するCDC（Community Data Center）の後ろ盾もあり，大阪府は約40億円をかけてインターネットデータセンターの施設をつくった。SVは，一般的なインターネットデータセンターのファシリティ機能の提供にとどまらず，1つ上のレイヤーでのサービス提供を目指していた。

当初，センターの運用はNTTグループの関連会社が担っていたが，それはあくまでも施設の運営業務に限られていた。1つ上のレイヤーで，ユーザーとの間をつなげる機能提供は必要であったが，提供されていなかったのである。そこに，2005年頃からSVは積極的に関与して，自らがリスクをとってサービスを提供した。アプリケーション機能も含めた付加価値のあるプラットフォー

ムを提供する事業である。

　こうした中，2012年に大阪府の行政改革の一環として同データセンターが売却に出されることになった。これは，チャンスではあるが，大きな買い物であった。社員含めて皆で，買い取りのプラス面とマイナス面の分析を行い議論を重ねた。熟慮の末，土地，建物，すべて込みでの購入の意志を固め，交渉の結果，購入に至った。その後，このデータセンターはSV事業の基盤となり，ここをベースに様々な挑戦的な事業展開を可能にしていったのである。

　現在，SVが注力しているクラウド事業もここがプラットフォームとなり付加価値を顧客に提供すべく日々検討が重ねられている。先に述べたモビリティ・サービス事業やクラウドプラットフォーム事業がそれにあたる。

■さらなる発展，株式公開へ

　2006年には，会社は純粋持株会社に移行し，株式会社SDVホールディングスに商号が変更された。株式分割により，移動体通信事業会社として株式会社モバイルビズと自動車電装品事業会社として株式会社堺電機製作所が子会社として設立される。そして，2008年には東京事務所を開設，2010年には子会社として株式会社SDVカーソリューションズを設立して，株式会社堺電機製作所から自動車電装品販売事業を移管する。

　2012年の大阪府インターネットデータセンターの買収後，同年，商号を「株式会社スマートバリュー」に変更し，翌年には株式会社堺電機製作所を売却している。2010年の前後を境にして，SVは次なる発展を見据えた動きに出ている。

　この一連の組織改編の動きは将来に向けた発展，その一形態としての株式公開のためでもあった。その象徴はSVの原点で，祖父から続く㈱堺電機製作所の売却に垣間見られる。それは会社の発展のためには，避けては通れない道であった。成長が難しい業界から脱して，新たなクラウド関連ビジネスへ転換する。しかし，その道のりは多難であった。

　雇用は最後までしっかりと守り，事業内容もそのまま継続できる，信頼のおける企業を売却先として探し続けた。そのプロセスでは，「親の会社を売るな

んて，どう思っているのか，ひどいやつ」など周囲や同業界からは頻繁に悪口や批判が浴びせられたという。しかし，結果として，費用はかさんだものの，条件にあった良い売却先が見つかり，先代から従事する人の雇用は守られ，事業も継続できることになった。周囲の心情的なわだかまりはあったものの，双方に良いwin-winで決着している。こうして新たな事業の展開に向けた組織の枠組みが整備されていったのである。

一方，新しい事業分野へ，しかも成長分野へとSVが事業の主軸を移行する中で，業務も多様化，複雑化し負荷が強まり，少しずつではあるが離職する人も出てきた。特に30代の人たちは，のんびりとやれた時代に入社した人が多く，主体的に責任をもって仕事をこなす新しいスタイルのやり方に違和感を持ち始めていた。特に，株式上場を見据えた動きが強まってくると，内部統制や規律・ルールといった，中心業務以外での仕事や意識が求められ，一段と面倒で忙しい時間が増えて，組織もぎくしゃくし，ひずみが生まれてきたという。

潜在的な離職願望者も増えてきたようだ。社長ならびに中堅の管理職が，こうした従業員一人一人と向き合い，語りかけて，彼らのマインドをそろえて前に進む姿勢を貫くべきだったが，現実的には難しかった。もちろん，会社と共に前向きに取り組む社員も多くいたが，そうでない社員は残念ながら辞めていった。当時は「無理に引き留めない，それもありかな」というスタンスでいたという。

SVが新しい事業へシフトする中で，組織のあり方（組織構成員のコントロールのあり方）についても，悩みながら一定の考え方で整備してきた。当初は，「比較的，柔軟に従業員に対して接して，規律もややゆるやかな組織であった」と渋谷社長は当時を振り返る。しかし，それに甘える人たちや方針に従わない従業員の態度が顕著になり，時に仕事に支障をきたす異常事態も起きた。渋谷社長はある時期をもって，そうした組織のあり方の維持は無理であると判断した。

ICT系企業に必要とされる特有の創造性や柔軟性は，個々の人間の自律性や主体性が自由に発揮できる環境が整備されていることが重要だとよく言われ，

例えばグーグルやアップルなど新興ICT企業で急成長を遂げる企業を例にして語られることが多い。

SVの場合は，結果として真逆で，一定の規律を重視した組織のあり方を重視することに転換した。グーグルの成功の要はビジネスモデルの付加価値の高さにあり，その核がうまく回り始めたため，そこに優秀な人材がいっきに集まり，自律的で柔軟な組織インフラの整備が必要となりそのプラス面が機能し始めた，と渋谷社長は主張する。さらに，その想いについて次のように語る。

「じゃあ，日本の企業がみんなそんなことできるだろうか。まずあんな仕組みはつくれない。できるのは100万ある中の1社程度でリスクも高い。あそこまで優秀な人がたくさん僕らの会社に入るだろうか。僕らの会社にはもともと借金もあった。つぶすわけにはいかない。今の現有の戦力で生き延びていかなければいけない。なので，ハイリスクでハイリターンではなくて，ローリスクでミドルリターンぐらいを狙う。だから，堅く安定的に利益が入るビジネスを着実にやっていくところが絶対に足元で必要なんです。ここで働く人たちに「じゃあ，自律的に」とか言ってもおもしろくない人もいるわけです。悩みどころですけど，フェーズの違いだと思っている。徐々にそのフェーズを次のフェーズへ移していく，ないしは，その中からグーグルで働くような人が出てきたら，チャレンジングなビジネスにあてていく。だから，今後二極化したりしそうです。でも，やっぱりそんなピカピカのベンチャーじゃなければ，僕はやっぱり規律が一定きちっとしていないといけないと思います」

SVは数年前から準備を進めてきた新規株式公開を東証ジャスダックで2015年6月16日に果たす。渋谷社長は，この上場のタイミングで資金調達力をつけて，会社をさらなる成長軌道に乗せたい意欲を持つ。生き延びるための，そして何よりそのための「突き抜ける一手段となる」と述べている。

クラウド事業を始めた頃の成長願望は中程度にとどまっていたが，今は高いレベルに変化している。事業を始めると，技術やニーズなどの世の中の変化のスピードが速く，中程度の成長に留まっていると生き残れない，生き残るため

に高いレベルの成長志向性を持ち続けないといけない，そんな貪欲な成長願望へ変貌した時期であった．

■株式公開後に見えた景色

「株式公開することが別にゴールでも何でもなくて，当然それは１つのステップであると思っていながらもですね，こう上場したら，ちょっとした安堵感はあってですね，（中略），わりとIPOの準備は大変だったので，そう思うと一仕事やり終えたかな，というムードは，僕だけではなくて社員の中にもあって，燃え尽き症候群みたいなのは少しありました」

これは，株式公開を終えた当時の状況を振り返った，渋谷社長の語りである．さらなるSVの発展を目指して，社員一丸となり突き進んだ株式公開であったが，目標を達成した後の１年くらいは，一瞬，そこに留まり動きが鈍かったようだ．

株式公開を果たし，時価総額が30億円から40億円規模になり，一皮むけた企業として成長を遂げたことに無意識に満足をしていたのかもしれない．実は，そうした企業は他にもたくさんあり，その規模を維持しながら，成長を目指すことなく安閑とし，それでも良いかもしれない，と思ったこともあった，という．

株式の上場を果たすと，ビジネスや資金調達の機会も増えるが，これまでとは異なる様々なルールや市場からの期待にも応えないといけなかった．株主からの要求に応えるために足元の数字を固めつつも，長期的な視点にたったプロジェクトの立上げやそれに向けた投資も必要となる．そのバランスは常にあった．最初の１年目は，上場前と上場後とのギャップに驚き，戸惑い，それを埋めることに時間が費やされていた．渋谷社長は，その時の心境を次のように語っている．

「上場して最初の１年目くらいって，今までと違うやることがたくさん出て来て，

それにフィットさせることに，時間がかかってたんですね．で，これじゃいかんなって2年目から感じまして．こんなんで，じぃーとしていてはあかんなって．上場前にはイメージはあったんですけど，リアリティはなかったです．(中略)．このくらいの銘柄は，投機的に扱われて，こんな状態だとぜんぜん，おもしろくない」

こうした中，ある時，若手ベンチャー企業の経営者との飲み会の場で，企業家としてのエネルギーを呼び覚ますような出来事が起きた．その時の様子を次のように振り返っている．

「ユニコーンのような，未上場で1,000億円規模の時価総額を持つ会社って日本ではあまりないじゃないですか．でも，いまだにそれを信じて『シリコンバレーじゃ，これくらいの資金調達，未上場でも当たり前だ』なんて言ってる連中は，まだ大阪にいっぱいおるんですね．実は，そういうベンチャーの20代，30代の社長と飲んでた時に，『渋谷さん，なんでそのくらいの利益で上場したとか言って，うだうだしてるんですか』『小さな利益で，何やってんですか』ってえらい言われて．おっしゃるとおりだなあって．まあ，僕も若かった時，同じことを言っただろうなあと思って．そういう先輩をみてたら．だっせー，とか思ってただろうと思って．これはあかんなあと思いましたね．でも，それはあくまでもきっかけでしかないですけどね．でも，実際，長く続けようとか，やっぱりそういうチャレンジをしていかないと，無理だなあ，っと．小さな状態で上場しているとやっぱりよくないですね．すごく面白くないですね．

(中略)

時価総額は，少なくとも今の倍以上ないと，そのくらいの規模感の事業体にならないとあかんな，とすごく強く思っているんですね．今はもう上場前よりも危機感もっています．で，何がなんでもそこまでいくんだっていう，わりと強い意志でまた動き始めているのがここ数か月ですね」

こうして，渋谷社長は上場して2年目に入った頃から，「今の時価総額の2

倍以上，いや10倍を目指そう」という新たな成長を意識するようになった。改めてその心境の変化について，3つの考えがあったようだ。

　まず，せっかく株式を上場したのに，このままだと損である，という思いだ。上場の維持費用が結構かかることに加えて，もっと成長できるはずなのに，理由をつけてそれをしないことに対して感覚的に恥ずかしい，との気持ちがあったという。また，そのことは，リスクマネーを投じてくれた投資家に申し訳ない。市場からも成長できるという期待があるのに，今の時価総額で満足していることは好ましくないと考えた。さらに，会社が永続するためには，株式公開後も，成長を続ける必要がある，と改めて昔のことを思い出しながら再認識をした。この点について当時を振り返り，次のように語っている。

　「結局，IPOしたことも，生き残るための機会の創出として，そのほうが（生存の）確率が高いと思ったからなんですね。で，株式上場後に，早い成長を遂げようと考えて始めた新しいサービスも，結局は30億円や40億円くらいの時価総額で，株式市場にずっと居残っているのは，逆にリスクだなあ，と思い始めて，それだったら上場しなかったほうが良かったな，と思って，（中略），それも結局，長く続けるためなんですよね」

　株式上場の前は，大きなリスクをとって，一気に成長させようとはしなかった。研究開発の余裕もなかった。お客様から受注したプロジェクトからの成果を，権利関係を整理した上で，自社のサービスとして開発する中で，価値ある資源を蓄積していった。受注を繰り返すごとに少しずつ資源を積み上げ，取るべきリスクを小さくしていたのである。

　一方，株式上場の後，成長志向が強まる中，渋谷社長はスピードを意識するようになる。競争相手より一歩早く手を打っていかないと，なかなか競争に勝てない状況に直面していたからだ。投資家によるリスクマネーも入り，受注を待ってはいられない。攻めていかざるを得ない環境の中にいた。従来のように，我慢しながら受注を確実にとるスタイルではなく，今は不確実性が高い中で，チャレンジを繰り返し，次の山を乗り越えようとしている。

最近では，ブロックチェーンの技術を持つ会社に出資して，事業提携を行っている。ブロックチェーンの技術は，日本国内ではまだそう強いところは多くはなく，今のうちに技術基盤をつくっておこうと考えている。社内での技術開発とともに，外部との提携も含めた成長のための資源の蓄積と広がりは，以前よりも強く意識されはじめた。

渋谷社長にとって，株式公開の後に見えた景色は，明らかにこれまでとは異なっていた。そのステージに立ったからこそ見えてきたもの，感じたことがあり，その点について次のように語っている。

> 「IPOしなかったらそれを（今の時価総額を超える規模）目標にしなかったと思います。IPOしたから，IPOして1つの山を越えたら，その山からしか次の山は見えなかったんですね。なので，そこを見せてくれたということ，成長するための次のステップが見れたというのは，IPOしたことの効果だと思いますね」

図表5－2　SVのこれまでの道のり

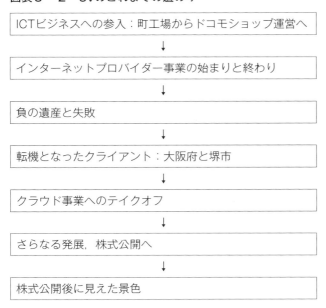

3. 事例分析

3.1 4つの分岐点

　ここまで，SVの過去から現在に至る道のりをみてきたが，その中には4つの大きな節目があったと考えられる。1つ目は，1994年前後の第二創業の時期である。この時を境にして，1928年に祖父が創業した電装品事業からスマートデバイス事業（例：モバイル事業）が誕生した。「お付き合いの延長線上」だったものが時流に乗りビジネスとして成り立っていった。そして，その事業は今も健在だ。

　一方，時を同じくして，渋谷社長は父親の急死と負債の継承という重荷を突然背負うことになる。さらに，自ら立ち上げたインターネット関連事業の失敗も経験する。会社の危機と新たな事業の展開の狭間で，もがき苦しみながらの船出となった。生き残るための，危機から逃れるための，そんな時期であった。

　2つ目は，2006年前後に現れる。それはSVの戦略行動が大きく変化する時期であった。第二創業に踏み出して10年を超えた頃から，収益を支え成長が見込める事業の姿が少しずつ見えてきた。そのきっかけは大阪府のインターネット・データ・センター事業への関与だ。現在，SVが力を入れている「クラウドプラットフォーム事業」の原点にあたる。

　当時の事業の展開は，依然として生き残るための全方位を見据えたものが中心であったものの，大阪府や堺市などとの長期にわたる協働から多くを学び，蓄積した技術やノウハウが，次の仕事へと波及していった時期でもあった。受け身のみの仕事から脱して，主体的な戦略マインドが醸成され始めている。

　事業が回り出し収益基盤が整いはじめると，これまでの負債の解消も少しずつ進んだ。「クラウドプラットフォーム事業」が会社の基盤となり，将来の発展の種になることを予感し，確信した時期と捉えられよう。

　3つ目は2012年頃から始まる次なる挑戦の時期である。2006年以降少しずつ

事業基盤が安定し，将来への展望も見え始める。将来の需要拡大への認識が高まる中で，会社の成長と，その手段としての株式公開を意識するようになる。そして，それに向けた組織改編も進め，会社の商号を㈱スマートバリューに変更し，SVの原点である㈱堺電機製作所も売却した。

この頃，私的な会社から公的な会社へと変わるために，事業計画や組織の力の強化が進み，生き残るためには成長が重要な鍵になることを確信する。何より，成長願望が第2の分岐点から大きく変貌し，新たな市場で突き抜けるための戦略行動が強化されていった。

4つ目の分岐点は，新規株式公開を果たした2015年から現在に至る時期である。この時期，SVは目標を達成したことで，やや動きが鈍くなったが，新規株式公開によって新たな機会と頂きが見えてきた。2018年には創業90年を迎えるSVは，永続的に生き続けるために，外部環境の機会を適切に捉え成長を続けることが最善の手段であることを，改めて再確認し突き抜ける戦略行動へ舵をきっている。

以下では，これら4つの分岐点それぞれの特徴について分析を加えていく。SVは，どのようにして，4つのステージを駆け上ってきたのか。その理解を深めたい。分析の視点は，インタビュー調査などからのキーワードを手掛かりにして，「危機（認識）」，「機会：探索と活用」，「資源」，「志向性：生存と成長」，「戦略行動[4]」，「制御焦点[5]」，「組織」として，その特徴を記述している[6]。

3.2 分岐点の特徴

■第1分岐点（1994年前後）──負の遺産，失敗，第二創業

1994年を第二創業の起点とした場合，その前後で事業に対する姿勢や戦略行動は変わったのか。また，その背景には何があったのか。

現在のSVの原点は，渋谷社長の祖父が1928年に創業し，1947年に㈱堺電機製作所として設立された会社にある。そこは，もともとバッテリーの製造や電

装品の販売を扱う町工場であったが，渋谷社長が従事し始めた1980年代の中頃から異なる仕事も請け負うようになっていた。NTTとのお付き合いからスタートした小さな仕事だが，その内容は少しずつ変化し時流にのったICT関連事業へと変容していった。渋谷社長の言葉を借りると，祖父や父が㈱堺電機製作所を経営していた時代は，自動車関連を中心とする仕事が十分にあり，従業員の暮らしも含めて比較的経営は安定していたという。渋谷社長曰く，

> 「当時は，成長しなくても十分生きていけた時代。父は特に，成長志向はなかったと思う。60，70年代はそれで良かった。そういう時代だった」

いわゆる右肩上がりの高度経済成長期を経験した世代であった。明確な会社のビジョンや計画は特段なくとも，また組織体制も強化せずとも，取引先から与えられる業務を着実にこなすことで，それなりに経営が成り立っていた。そして，この傾向は，㈱堺電機製作所に限らず，当時の多くの企業にも当てはまったといえるのではないだろうか。

一方，渋谷社長が父親の会社に入った1980年代の中頃からは，バブル経済の終盤と時期が重なり，従来のビジネススタイルではうまく適応できない，パラダイム・シフトが起きはじめた頃である。

町工場として一定の仕事はあったものの，取引先と下請け企業との関係は少しずつ厳しさを増していた[7]。そんな矢先，父親が突然他界する。公私にわたって動揺と不安が広がる。さらに，会社の財務状況が限界に来ていたことが発覚する。渋谷社長は驚きを隠せなかった。倒産という不安の始まりであった。

こうしたマネジメント環境の変化に対して，渋谷社長はどのような考え方で対応していたのであろうか。そこには，格好の良い哲学や戦略はまったくなかったという。「生きていけるのか，社員を路頭に迷わせてしまわないか」という強い危機感しかなく，負の遺産をいかに解消するかに最大の関心が払われていた。当時を振り返り，渋谷社長は次のように語っている。

> 「（父親が他界し，負債がわかって）どうしようか，びっくりしました。でも，

第5章　EOはいつ生まれるのか　逆境から甦る小さな会社の分析　141

とにかくやらなければならない，という気持ち。明日，倒産せずに存続できているかが大事。もうなりふり構わず，という感じでしたよ」

　このような時期のマネジメント姿勢は，必ずしも製品市場に対して先取りで分析的でもなく，かといって受け身で従来のやり方に固執するものでもない。いわゆる，EOやその対をなす保守的な姿勢とも異なる次元のものであった。
　1994年前後には渋谷社長はモバイル型のICT事業へ踏み出すが，これは，従来のビジネスの繋がりの中での小さな請負であった。しかし，その業務の利益は小さくても，待ちの姿勢ではなく貪欲にどんな仕事でも引き受けた。そして，結果としてそれが，ドコモショップをはじめとする本格的なICTビジネスへの道程となっていったのである。
　こうして，過去の負の遺産は少しずつ解消されていくものの，残念ながら次なる危機が到来する。それは，1996年頃から自ら始めたインターネット事業の失敗である。2003年頃までひどい状態であった。その後は持ち直すものの，新たに立ち上げたクラウド事業も最初は苦しんだ。この時に新たな負債を抱え，当初の負債と共に返済の日々を過ごす。倒産への不安は長く続くこととなったのである。
　このように渋谷社長は，危機的な状況の中で，企業家活動の起点の1つである新規参入（new entry）は，結果として果たすものの，活動の軸は既存事業の延長線上にあった。生き残るために必要に迫られ（必要性主導型）[8]，極めて短期的な視点から仕事を請け負う。機会の探索や利用など主体的な活動姿勢はなく，むしろこれまでの顧客との粘着的な関係性を大切にしていた。いわゆる昔ながらの経路依存性[9]に基づく経営資源に頼っていた。
　新規参入によって事業機会をうまくつかみ価値創造へ結びつける企業家活動のプロセスでは，先駆性，革新性，リスク負荷というEOの重要性が主張されるが，第1分岐点においては，その兆候はみられなかった。むしろ，少数の顧客との信頼を強めるために，スピード感をもって新鮮な情報や課題解決策を提供した。顧客と向き合い学習を繰り返す日々であった。まさに宿題解決型企業

図表5-3　第1分岐点（1994年前後）の状況

危機	負の遺産，失敗，組織・指揮系統の動揺
機会： 探索と活用	結果として新参入（new entry），機会の探索や活用はない。既存顧客からの小さな請負
資源	これまでの取引先との長期的な協働関係
志向性：生存と成長	強烈なサバイバル意識（倒産の回避）
戦略行動	EOでもない。保守的・受動的でもない。遂行的（エフェクチュエーショナル）。 積極的な請負，御用聞き，顧客との粘着性を重視，宿題解決型。 動機（必要性主導型[10]）
制御焦点	危機の回避マインド（予防焦点）
組織	ほぼ一人（意思決定，営業，事務，生産）

である。

　また，事業の明確なゴールを設定するのではなく，今ある経営資源（技術，ノウハウ，アイディア，ネットワークなど）で顧客のためにできることを考えて仕事に結びつけていた。いわゆる，事前に事業目標を設定してそこに向かうために資源を探索・活用する因果推定的（コーゼーショナル）な思考は限定的で，それとは逆のそこにある資源を組み合わせていく遂行的（エフェクチュエーショナル）な思考が顕著であった[11]。

　この時期の渋谷社長は，目の前にある倒産の危機をいかに回避するのかを最重点課題と認識していたようである（予防焦点）。もちろん，ICT事業という新たな事業機会への関与には，将来の発展の可能性や将来の危機の回避という考え方もみられよう（促進焦点）。しかし，将来の事業機会をとらえた会社の成長願望よりも，今ある危機を回避するサバイバルへの志向性が鮮明かつ色濃く際立っていた時期といえよう。

■第２分岐点（2006年前後）──安定と転換の兆し

　SVは，その後，負債を背負いながらも，顧客を先生として難しい宿題をこなす中で，事業の発展の能力を養い，顧客との間に深い信頼関係を築くようになっていく。そして，ICT時代の到来という社会的トレンドの後押しもあって，信頼関係はビジネスへと結びつき，徐々にではあるが負債も減っていった。

　堺市とともに設立したデータセンター，大阪府のインターネットデータセンター事業は，収入面でSVの事業基盤を安定させ，2012年の大阪府のインターネットデータセンターの購入が，現在の中核事業の１つであるクラウドプラットフォーム事業の起点となった。これらの事業の積み重ねがあったからこそ，今のSVのビジネスがある，と言っても過言ではないだろう。

　大阪府や堺市などとの長期にわたるお付き合いから多くを学び，蓄積した技術やノウハウが，次の仕事へと波及しその連鎖が高まった時期であったといえる。第１分岐点の以前から長く続く顧客との関係性を起点に，積み重ねてきた有形，無形の経営資源の拡充が，この時期の安定した収入源の確保に結びついているといえよう。

　約10年を超える倒産という不安への粘り強い対応と，試行錯誤の連続が，組織における学習を通じてSVの経営資源の基盤を結果的に広げることにつながり，新たな機会を探索する成長のエンジンとなったと考えられよう。こうした組織の能力の高まりが次のステージでのEO表出の先行条件になっている可能性が高い。

　こうしてSVはようやく組織として，新たな製品サービス市場へ攻める準備が整い始めた。必要に迫られて新しい事業分野へ進出するのではなく，成長市場に潜む新たな事業機会を自ら獲得したいという動機がこの時期に芽生えてきたようだ。

　依然として残る負債は気にならないことはないものの，将来の明るい兆しが見え始めたこの時期，渋谷社長が昔から思い描いていた，ICT分野への本格的な参戦を始める。しかし，その戦略マインドは必ずしも，攻撃的で相手を蹴落とすものでも，果敢にリスクを取るものでもなかった。むしろ，顧客への付加

価値とニッチな分野で相手より一歩前に出る先取り姿勢に変化が見え始めた。戦略行動であるEOが漸進的に強化されてきた時期といえよう。

今後，ICT事業分野で生きていく覚悟はあったものの，成長願望はそれほど強くはなかった。それは，いつ再び危険な状況に後戻りするかわからない，という不安がまだ残っていたからかもしれない。リスクの高い取り組みへは常に慎重であった。

整理すると，この時期のSVは，「突出し過ぎない慎重な態度」と「新たな事業展開に向けた先駆的な取り組み」という戦略行動の二面性を持っていたといえよう。

その背景には，存続のために，繰り返したくない将来の失敗と危機の回避というマインド（予防焦点）と，存続のために，挑戦し将来の発展に蓄えるというマインド（促進焦点）の2つが，相互に牽制しあいながら拮抗していたこと

図表5－4　第2分岐点（2006年前後）の状況

危機	負債の減少，倒産への不安
機会：探索と活用	既存顧客からの小さな請負の機会が安定収入へ 小さな事業機会の活用
資源	失敗と学習を通じて資源蓄積，資源基盤の拡充
志向性：生存と成長	生存志向と成長志向が拮抗
戦略行動	顧客との粘着性，顧客への付加価値，先駆的な開拓姿勢の予兆 「突出し過ぎない慎重な態度」と「新たな事業展開に向けた先駆的な取り組み」の両面 リスクへは慎重，革新性も乏しい。 動機（機会主導型[12]）の兆し
制御焦点	将来の失敗と危機の回避マインド（予防焦点）と存続のために，将来の発展に蓄えるマインド（促進焦点）が拮抗
組織	徐々にチームとして活動。組織化の初期。

が考えられる。また，第１の分岐点（1994年前後）の時代には，まだ見られなかった経営資源の基盤が拡充された時期ともいえ，それは，EOを表出する先行条件と考えられる。

一方，依然として負債と倒産への不安は強く，生き残る手段としての成長を志向するマインドへは移行していない。将来の危機への回避を最優先するマインドは強く残っていたといえよう。

■第３分岐点（2012年前後）——成長と新規株式公開へ

SVは2012年を境にして，組織としてのEOが大きく強化されていくことになる。その背景には，負債の解消とクラウド関連事業の成長があった。

しかし，それは，単純に将来の成長市場があるから，その流れに乗れるとの判断ではなかった。第１分岐点から重くのしかかった倒産の恐れ，生存への危機は依然として根強い。だからこそ将来の存続のために，成長を遂げなければならない，という意識が強まってきたのである。

企業の新陳代謝が激しく，技術の進展や顧客ニーズの変化も早い，そんな市場で生き残っていくためには，常に成長を意識して学習を重ねないといけない。そうした経営の構えと覚悟ができた時期といえよう。渋谷社長は，その心情を次のように語っている。

> 「一般的に日本では何かあった時のための余剰資金は安心と考える。しかし，私は，余剰資金があれば事業を起こしたい，投資したい，と思っている。今後の30年を考えた時，蓄えているから30年生き残れる，ということはなくて，攻め続けていないと，成長を続けていないと，逆に安定しない。安定とは守ることのようにみえるんですけど，攻めてないと安定しない，と思っているんです。自転車は高速で走っているほうが安定する。その根幹にあるのは，守りの姿勢に入ると組織が学習しなくなるということです。活気がなくなり，負荷に弱くなる。攻めていると確かにその時，いやなこととか，負荷とか，失敗とか，カオスが山のように来るんですけど，でもそれによって強くなりますね」

こうした考え方は，将来の存続のために成長を追及する戦略行動と合致する。生き残るためには守るのではなく，攻め続けて成長を目指す。なぜなら，そのプロセスには組織の学習が必要となり，その結果，中核となる資源が育まれ，組織を安定成長に向かわせるためである。

　第1ならびに第2の分岐点が，当面の危機と将来の危機からの脱出，つまり予防に重きが置かれていたことと比べると，第3分岐点は発展に向けた促進に特徴を持っていた。大きな変化といえよう。

　この時期の戦略行動の特徴としては，新たな事業機会の中からストイックにそこに潜むニーズやウォンツをつかもうとする探索的で先駆的な構えがみられた。また，いくつもの実証実験を通じて，新しいサービスを生み出そうとする市場志向の革新的な取組みも始まる。

　一方，リスク負荷の姿勢は，徹底して事前に損失を最小化することを貫く。例えば，2012年に大阪府からデータセンターを購入したプロセスにおいても，入念にそのリスクを分析し何度も社内で議論を重ねている。同時に，データセンター利用に関わる戦略や新しいサービス提供の緻密なニーズ分析も怠らない。

　こうした事業の効用とコストの分析やFS（フィジビリティスタディ）と議論の繰り返しを通じて，リスクを最小化する。周りからはリスクをとっているように見えるものの，SVとしてはローリスクであった。つまり，チャンスは逃さないが，損失も許容範囲内に抑える。計算されたリスクあるいはリアルオプション思考[13]）と見てとれよう。

　さらに，この時期，競合相手に対する認識にも特徴がみられる。競争の激しいICT業界にいるものの，他社を必ずしも競合として強く意識はしない。むしろ，協働相手との認識の方がどちらかというと強い。

　サービス提供の方法や儲ける仕組みなどビジネスモデルは必ずしも固定的ではなく，常に変化し柔軟である。したがって，明確に敵と味方を区別しにくく，時として有力なコラボ相手になる。他社への攻撃は時間の浪費であり，協働を通じた潜在需要・ニーズの顕在化を優先する姿勢の重要性がうかがえた。他社にいかに勝つかという，いわゆる競争戦略について，渋谷社長は次のように語っ

ている。

> 「競争相手と攻撃的に競争しても逆にうまくいかない。一緒にコラボするほうが有効。競争相手は敵というより仲間。市場全体の成長・拡大のために競争相手と協働姿勢をとることが多い。昨日，敵でも明日は仲間になったりする市場環境にいる。経営陣は，競争的脅威に対して攻撃的に対応する時間があれば，むしろ市場拡大に時間を費やしたいと考える」

　SVは，誰が敵で誰が見方か，わかりにくい市場環境にいるのかもしれない。それは，視点を変えると協働を通じてwin-winが成り立つ環境ともいえよう。

　ICT分野は，将来大きく成長する市場であるため，他社を撃退するより協働によって市場を開拓するほうが合理的な選択と受け止められよう。特に，自社単独では困難な高い頂きを目指す場合，リスクが高すぎるため，そのプロジェクトには多くの同業者が集まり協働する場合が多い。逆に，比較的目指すべき頂きが低い場合は，単独リスクも低くなり，結果，競争も激しくなるだろう。

　そして，何よりこの時期注目すべきは，EOのねらい（帰結）が，SVが推進する個別事業によって異なっていた点である。安定収益が見込めて，今ある資源が十分活用できる市場では，その事業機会を徹底して利用する。それは，新規顧客の開拓や新サービスの開発より，今，提供しているサービスの効率やスピード，技術の改良や応用などに集中して確実に果実を得る，「機会の利用スタイル」である（利用型EO）。

　一方，将来の成長が取り込める市場では，投資をして，顧客の開拓や新技術やサービスの導入に果敢に取り組む。新たな「機会の探索スタイル」といえよう（探索型EO）。小規模ながらも事業ポートフォリオを組み，生き残るために，事業機会の捉え方を変えて，それにEOを適応させていたといえよう。

　この時期は，適切にEOが表出し始めるとともに，それにあわせて，組織構造にも変化がみられた。それは，新規株式公開の準備プロセスの中で，必要不可欠な組織構造の改革で，組織の力を高めて市場の開拓と利用を進めるものであった。そして，そのために取った手段は組織の規律や統制を重視して，その

図表5-5　EOの水準

	革新1	革新2	革新3	先駆1	先駆2	先駆3	リスク1	リスク2	リスク3	EO
渋谷社長	5	5	4	5	5	2	4	2	4	4

（注）各項目すべて1～5のリッカートスケールから選択

図表5-6　第3分岐点（2012年前後）の状況

危機	倒産への不安
機会：探索と活用	既存の事業機会は徹底して活用。 新たな事業機会はニーズの徹底した探索・実験（市場との対話） 事業に合わせて，探索と活用を区別（ポートフォリオ）。
資源	内部での技術開発・蓄積・活用 それ以上にオープン技術を積極的に開拓・活用
志向性：生存と成長	成長志向。存続の鍵手段が成長
戦略行動	技術ではなく市場志向型の革新性の予兆 機会・ニーズの先取りと探索 市場との徹底した対話で事前にリスクを軽減 計算されたリスクへは余剰資金も積極投資 他社への攻撃は不利。協働を優先
制御焦点	将来の存続のために成長するマインドを重視（促進焦点） 将来の失敗と危機の回避マインド（予防焦点）は根幹にはあるが相対的に低下。
組織	組織活動の活発化。一定の規律重視

中で個人の創造性や柔軟性を発揮させようとする組織コントロールの考え方である。

　激変する競争環境の中で，新たな事業機会を求めて生き残るために，EOという戦略行動と規律重視の組織構造を採用し，そこをテコに果敢に成長を追及して，その途中で新規株式公開を実現するに至る。

図表5－5は，主にクラウド事業に関わる組織EOの水準をMiller/Covinモデル[14]の質問票を用いて，渋谷社長に回答してもらった結果である。リッカートスケールのレンジは1～5であるが，平均すると4.0ポイントと高い数字を得ていることがわかる。EOが鼓舞されている状態を示す。

■**第4分岐点（2015年以降）──次の頂きを目指す**

2015年の6月にSVは，目標としていた新規株式公開を果たしたが，その後，安堵感のせいか，次なる一歩への動きが鈍っていた。

しかし，SVの事業展開の歴史を振り返り，その原点に立ち戻ることにより，次の頂きへと突き進むようになっていった。それは，生き残るための成長，新規株式公開による成長機会の探索，機会を捕らえた急成長による永続性の獲得，である。新規株式公開をゴールにしていたわけではないが，その達成が焦燥感や安堵感へと向かい，何もせずこのままこの状況を維持することが最大の事業のリスクであることに気付く。

2018年に創業90年を迎えるSVは，これまで常に意識をしてきた会社の永続性を忘れることなく経営の根幹に置く。ただし，そのための戦略行動は，第3分岐点までとはやや異なるスタイルとして，この時期に芽生えてきている。それは，まさにアントレプレナーシップ（企業家活動）のエネルギーとしてのEO固有の性質の表出といえる。

SVは組織として，製品・サービス市場の変化を先取りして事業機会を積極的に探索し，リスクをとって先行投資によりその機会を逃さない。そして，必要な資源は組織の内部や外部にこだわらず多方面から獲得して，革新的な方法で市場を攻める。現有する資源から帰納的にアプローチして，それが利用できる事業機会を選ぶのではなく，価値ある事業機会の探索から，そのために必要な資源を獲得あるいは開発する，主体的な機会ベース型マネジメントの戦略行動への変化がみられる。

株主に対して，SVは足元の数字を固めることを忘れずそこに注力するが，同時に将来の発展を見越した積極的な投資も欠かさない。日々の競争が激しく

栄枯盛衰が繰り返されるICT業界であるため，今の危機を防ぐことへの焦点（予防焦点）も重要ではあるが，それ以上に，長期の存続のためには，将来の発展に蓄えるマインドへの焦点（促進焦点）も必要不可欠になってきたといえるだろう。

新規株式上場の前後では組織の構成員にも変化がみられた。上場前も，仕事の変化に伴う負荷に耐えられなかったり将来の方向性に共感できず辞めていく人は多かったが，上場後も，燃え尽き症候群，次の目標が見えなくなった，新たなチャレンジにもうついていけない，という理由で多くの人がSVを去っていった。

逆に，次のSVの成長に一緒に関わりたいという新たに入社してくる人も増えている。こうして組織は新陳代謝を繰り返しながら，新たに人的資源が再構

図表5-7　第4分岐点（2015年以降）の状況

危機	新規株式公開後の安堵感，安閑とした鈍い動き。
機会： 探索と活用	リスクをとって新たな事業機会を探索。 新たな事業機会を捕らえて競合他社より一歩早く開拓。
資源	事業機会を探索し活用するためのリソースを社内や社外を問わず先んじて獲得。
志向性：生存と成長	急成長志向。
戦略行動	リスクをとり先行投資。 機会を先取りし探索。 機会の探索と利用を優先。 現有するリソースが活用できる機会の探索ではなく，価値ある機会に必要なリソースを獲得し活用。 組織としてEOを発揮。
制御焦点	将来の存続のために急成長するマインドを重視（促進焦点）。
組織	成長を志向する構成員が入社。株式公開を経験した一部の構成員が退社。人材の新陳代謝と再構成による新たな人的リソースの構築。

成（re-configuration）[15]されるプロセスを通じて，価値ある資源が蓄積し，活用され，SVは次なる成長を遂げようとしている。

4. 逆境から成長へ

4.1 マネジメントの変化

ここまでみてきたように，第1分岐点から第4分岐点に至るSVの道のりには，いくつかの特徴がみられた。これらを整理する次の7つの変化に集約できる。

■変化1──危機への認識（変わらぬ不安と対応の変化）

第1分岐点から現在に至るまで，SVの強い危機意識（失敗への不安）は，その程度の差こそあれ，変わってはいない。唯一その対応に変化がみられた。

負の遺産と事業の失敗を契機に，危機意識は経営トップの頭に強く刻み込まれたようだ（Imprinting[16]）。だからこそ，生き抜くこと（会社をつぶさないこと）への執念や覚悟は並大抵ではなかった。

当初は，できることは何でもやった。今そこにある資源と協力者（手段）にとことんコミットし，その活用にベストをつくした。その後，ある確信が生まれる。それは，組織は成長するプロセスの中で学ぶ，そして組織は学習なしに生き残れない，という信念である。成長への行動が危機を防ぐことに気付く。

こうして，倒産や失敗への不安は一貫して残るものの，そこから抜け出す方法は徐々に変化していった。

株式を上場した後も，刻み込まれた危機への認識は渋谷社長の頭に強く残り，それが成長の原点となっているようだ。

■変化2──事業機会の認識と対応（昔ながらの顧客起点から事業機会の探索へ）

第1分岐点の頃のSVには，顧客開拓や新サービスの提供など事業機会を探

索する姿勢はほぼ見られなかった。あくまでも，既存顧客からの請負の機会が中心だった。その後，顧客との関係が強まる中で（顧客を先生として），彼らのウォンツやニーズをいち早くつかむことの大切さを学ぶ。

この気づきが契機となり，事業機会の捉え方が変わり，市場との対話と事業機会の飽くなき追及の姿勢へと行動が徐々に変化していく。そして，この頃を境に顧客やサービスの新たな機会の探索がスタートする（第2分岐点）。

その後は，事業の展開にあわせて，既存市場でSVの技術やノウハウが十分活用可能である場合は，徹底してその機会を利用し，新市場の場合は，そこで使えるサービスの開発とニーズ把握を徹底して行い，実用化に向けた実証実験を繰り返す（第3分岐点）。

小さな組織の中で，既存事業の徹底利用が新たな事業機会の探索活動を補完しながら，安定成長を実現しようとしていた。ただし，新規株式公開後しばらくして（第4分岐点），SVは，事業機会の探索を高いリスクをとってでも追及しようとする姿勢が芽生え，現有する経営資源を軸に攻める市場を決めるアプローチ（資源ベース型マネジメント）から，魅力ある攻める市場を決めてから必要な経営資源を獲得あるいは開発するアプローチ（機会ベース型マネジメント）へ戦略行動を変化し始める[17]。

■変化3──経営資源ベースの拡充プロセス（学習を通じて拡大）

SVのビジネスのはじまりは，町工場の頃からお付き合いのあった取引先との関係性にあった。少数の顧客との長いお付き合いの中で，相談やニーズに迅速に応え，その繰り返しが，学習を通じて技術やノウハウの蓄積となっていった。

第1分岐点を境にして，倒産の危機が迫る中では，既存顧客との粘着性や関係性が生き残る唯一のルートとなり，その広がりと関係の深さがその後のSVの経営資源ベース拡充の原点となっていた。

負債の経験や失敗の繰り返しからの学びが，第2分岐点以降の成長志向の基盤となり，大阪府からのデータセンター購入という新たな投資へも活かされて

いった。その後，市場との対話を通じて，資源ベースが拡充するとともに，市場の変化に対応する能力の変化も顕著となり，第3分岐点から第4分岐点へと成長していく。SVは，資源獲得を広く国内外に求めるとともに，余剰資金や株式公開によって調達する資金を，次なる成長の投資として位置付けるようになる。

■変化4──志向性（生き残るために成長する）

SVには，絶対に会社を倒産させない，という変わらぬ覚悟があった。一方，生き残る志向性には変化がみられた。第1分岐点では，危機を回避するためには手段は問わず，試行錯誤を繰り返す。その後，自社が置かれている事業環境の変化を体感する中で，組織が生き残るために成長の必要性を感じ始める。

しかし，依然として成長願望は強いとは言えなかった。その頃は生存志向と成長志向が拮抗していた（第2分岐点）。そして，組織体としての体制が整い始め，新たな事業機会の探索や実験を繰り返す中で，生存の手段としての成長の必要性を強く感じるようになる。その成長プロセスでは，組織内での摩擦や軋轢が増えるものの，それ以上に学びによって得るもののほうが大きいとの認識を持つ。

組織内での飽くなき学習なくして企業の存続はおぼつかない。そのために企業成長が必要であるとの論理であった。そして，株式を公開した後には，厳しい競争環境下で生き伸びるためには，速く成長することが重要であることを認識し，現在に至る（第4分岐点）。

■変化5──EOの表出（利用型EO→探索型EO→持続的EO）

当初のSVには，新しい市場へ先手を打って攻める戦略行動はなかった。顧客の信頼を得るものは何でも請け負う，試行錯誤的な行動が目立った。しかし，このアプローチから得たことは少なくはなく，次につながる事業の展開や安定した収益へと結びついていく。

既存の顧客の嗜好性，そこから広がる市場の動き（潜在的な新規顧客のニー

ズやウォンツ）など，自らが事業機会を開拓する上での得難い経験と知識を得ることになった。SVに先を見据える先駆的な態度が芽生えるきっかけとなったのである。

その後，経営資源ベースが拡充するとともに，成長を通じて生き残り続けるために，戦略行動に変化がみられる。

その1つは，付加価値を生む新サービスの開発や実験，いわゆる革新的な行動姿勢である。そして，成長のためには余剰資金を投資に回す意識も芽生える（リスク志向性）。こうしてEOが徐々に鼓舞されていった。

しかし，先に記したように（変化2：事業機会の認識と対応），SVは事業にあわせて，機会の利用と探索のポートフォリオを組んでいた。したがって，EOも，それに対応して利用型EOと探索型EOとがバランスされ（統合型EO），リスクが管理されながら表出した。

株式の上場後は，探索型EOの姿勢が際立ち，事業機会を逃すことなく，スピード感をもって新製品や新サービスの市場を，他社より一歩でも早く開拓しようとする。成長を維持させるための持続的なEOの表出の始まりとみられる。

■変化6——制御焦点（予防焦点から促進焦点へ）

予防や保護などのリスク回避に注力する予防焦点と成長や発展など促進に焦点をおく促進焦点，SVはどちらを選択したのか。

第1分岐点では，あきらかに危険を回避して生き残る予防焦点型に集中していた。その後，財務状況の改善，学習，事業の安定，安堵感とともに，危機を回避する「必ずやらなければならないことをやる」志向が緩和し，代わりに将来の発展機会を追及する「理想的にやった方が良いことをやる」姿勢が芽生え強まっていった（第2分岐点）。つまり，予防焦点から促進焦点への変化が始まる。

しかし，その途中では一定の期間，2つがバランスされる状況が続く。その後，経営資源ベースの拡充と組織での活用能力の向上とともに，成長によって生き残ろうとする促進焦点が全面に出るようになった（第3分岐点）。株式の

公開を果たした後には，その傾向はさらに強まり，リスクをとってでも市場の探索を試み，将来の成長と存続を勝ち取ろうとするに至る（第4分岐点）。

■変化7——組織体制と規律（一定の規律を重視へ）

SVの初期の頃は（第1分岐点），小さな仕事を渋谷社長が自ら担当し進めていた。その後，少しずつ事業の幅が増すにつれて，ICTの専門的な知識を持つ社員とともに仕事をこなしていく。この体制は長い間続くものの，事業の成長とともに，少しずつチームや組織としての体裁が整っていく（第2分岐点）。しかし，そこに大きく変化がみられたのは，第3分岐点の頃であった。

成長の1つの手段として株式公開を目指し始めた頃から，組織の統合や売却，各種の計画書の整備，緩やかだった組織のルール化も進められた。組織内部の統制も，一定の規律を重視した上で個人の主体性と創造性を尊重するスタイルへと変化した。

この一連のSV組織の変化プロセスの中で，内部に軋轢や摩擦，ストレス，わだかまりが多発して離職者が多数出た。しかし，逆に，組織の一体感，やる気，能力も高まった。

こうして新規株式公開の準備段階と時を同じくして，SV組織の変化が進んでいくことになる。その後，株式の公開を果たした後も，引き続き離職者が出たが，同時に，組織を成長させていくことに共感する人材も多数入社し，人材の新陳代謝が進み，持続的な成長を続ける人的資源の再構成（re-configuration）が進んでいった。

4.2　EOの芽生えと変化

逆境から成長へ。SVの生き残りと成長の鍵は何だったのか。その要因を整理したのが図5-8となる。

左軸には4つの鍵要因を，そして，その変化を第1分岐点から第4分岐点に分けて示している。全体を通じてわかったことは，①危機認知が生き抜く志向（手段）と戦略行動に影響を与えていたこと，②EOの選択には資源ベースが関

与していたこと，③成長の段階に応じて，資源の活用から機会の活用へと軸足を移していたことである。以下，具体的にみていきたい。

　危機認知の原点は，父親から引き継いだ負の遺産や，自ら招いた事業の失敗に起因し，永続させるために，絶対に忘れることはできない出来事であった[18]。倒産の怖さや失敗の不安が本質にあり，それは，負債額が減少しても経営の中核にあった。

　経営トップの語りの中には，第1分岐点から第4分岐点まで，一貫してサバイバルを想起させる言葉が並び，必ず生き残る，という強い覚悟が見られた。裏を返せば，SVはどのステージでも常に危機を強く意識していたことがわかる。ここがすべての出発点であった。では，生き残るためにSVはどう行動したのか。

　まず，生き残る手段（志向）に変化が見られた。それは①祖父の代から続く既存顧客との関係性を最大限活用する方法と，②その延長線上にあって成長と学習によって生き残りを志向する方法だ。

　前者の方法は，今そこにある手段を総動員するものであり，SVにとってそれは，過去のビジネス上のお付き合いそのもので，事業の経路（粘着性や関係性）に依存していた。その結果，顧客からの宿題をしっかりとこなし，漸進的に技術，ノウハウ，ネットワークと成果を積み重ね，経営資源のベースを築き拡充していった。

　後者の成長と学習による生き残りの方法は，前者の方法を続ける中で積み重ねた，資源ベースの拡充と組織の学習能力の高まりが，その選択を強く後押しすることになったと考えられる。

　会社の成長を強く意識して市場を攻めると，その結果から組織は学習をする。SVは，これが，生き残る鍵であると考え，その後，株式公開を目指しそれを果たす。すると，そこから新たな成長の機会（景色）が見え始め，それを再び追い求め学習を重ねる。SVは，こうした成長の連鎖による永続性を追求する姿勢を鼓舞しながら，現在に至る。

　次に，SVの生き残る行動にも変化がみられた。資源ベースが浅い段階では，

既存顧客との経路依存を武器にあらゆる手段を総動員するエフェクチュエーショナル（遂行的）な戦略行動が中心であった。その後，資源ベースの拡充と，それに伴う市場へ適応する組織としての能力が高まる段階で，活用型EOと探索型EOをバランスさせた戦略行動で，生存を勝ち取っていた。

資源ベースの拡充とそれに伴う市場へ適応する能力の変化が，2つの戦略行動の選択に影響を与えていたといえよう。

さらに，株式公開という大きな成長の機会（景色）が見えるステージに至った時点では，現有する資源の利用よりも，事業機会の獲得を優先し，必要な資源を後から獲得する行動姿勢が強まっている。そこでは，より探索型EOに近い，持続的なEOの鼓舞が顕著になっている。

逆境から成長のプロセスの背後には，経営トップの制御焦点が関与していた可能性がある。

第1分岐点の頃の経営トップは，「着実に危機回避に有効なことに集中する」予防焦点が，「危機回避後の発展の姿に目を向けて集中する」促進焦点を抑制していた可能性が高い。その後，組織の学習，市場への適応能力，成長を武器に生存を勝ち取る戦略姿勢が芽生え始めると，徐々に促進焦点に変化する。株式公開から現在に至るプロセスでは，その傾向がより鮮明になり，持続的EOとフィットして，SVは成長の軌道に向かって突き抜ける力が強まっていく。

本事例からは，危険な経営環境から抜け出す2つの方法を教えてくれている。1つは，エフェクチュエーショナルな志向で，自身の限られた手段を総動員して巧みにそれらを使いながら生き抜く方法である。もう1つは，新たな機会を活用あるいは探索するEO型で，成長と学習を強く意識して生存を実現する方法である。この2つの方法の選択は，資源ベースの拡充度合，市場への適応能力のレベル，事業の発展段階の違い，が選択の条件になっていた。SVが逆行から成長へと進化したプロセスには，この2つのルートの足跡がみられた。

一方，この2つの方法の選択には，経営トップの目標に対するアスピレーション水準[19]が明確に関与していたと考えられる。アスピレーション水準とは，意思決定者が目標達成に対して抱く満足度の最小の成果水準を指し，実際

図表5-8　事例からみえてきた生き残る戦略行動

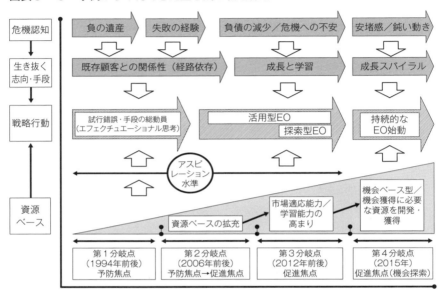

の成果がその水準を下回ると，リスク行動を控え，上回るとリスク志向へ転じるとされる。

本事例からは，第1分岐点を過ぎ，第2分岐点に入る時期までは，アスピレーション水準に未達で，したがって，今ある資源に固執しエフェクチュエーショナルな思考が際立ったといえよう。その後，実績が積み重なり負債の解消が進む中で，成果がアスピレーション水準に到達しさらに超過する中で，新たな市場の開拓に向けてEOの表出が描写された。アスピレーション水準が起点となり，EOが芽生えはじめたのである。

アスピレーションの水準点を挟み，経営トップの焦点が予防焦点から促進焦点にかわり，戦略行動がエフェクチュエーショナル思考からEOへと変化していったことがわかる。

■**注**

1）調査実施日は，2014年4月28日，2014年7月2日（講演），2014年9月18日，2015年4月30日，2017年1月11日である。また，対話の他，会社情報の一次データ（含む過去の財務諸表，組織図，会社案内など）や新聞・雑誌による二次データ（含む社長執筆の書籍＜渋谷順，2012＞）にあたり情報収集を行っている。
2）2015年5月時点での情報に基づく。
3）ホームページ，2017年6月期第2四半期決算説明資料，インタビュー調査などを参考に作成。
4）ここで言う戦略行動とは，第2章「EOとは」で詳述した組織としての戦略行動を意味し，保守的で受動的な戦略行動から企業家的志向性（EO）まで広くカバーをしている。どういうコンテキストで，あるいはどのような条件で，どのような戦略行動を組織は採用するのか，という点に注目している。
5）ここで分析の視点とした「制御焦点理論（RFT: Regulatory Focus Theory）」とは，人がある選択や動機づけを行う際，一方の行動様式の選択に制限をかけて，他方の選択に集中する傾向があるとする，考え方である。それは，予防や保護などのリスク回避に注力するもの（予防焦点：prevention focus）と成長や発展など促進に焦点をおくもの（促進焦点：promotion focus）に分かれる。企業組織の経営トップが戦略形成プロセスで意思決定をする際に，どの選択行動に制約をかけるのかは（または焦点を当てるのかは），その後の戦略行動に大きな影響を与えることが考えられる（Higgins, 1997 ; Higgins et al., 2001）。ここでは，SVがどのようなコンテキストで，どちらの行動様式に制限がかけられたのかについて分析している。
6）これら分析の視点は，主に戦略論，組織論，制度論，アントレプレナーシップ論，中小企業のライフサイクル論での議論を踏まえて設定した。分析枠組みの基本は江島（2014）『第2章 生存の分析視角』（pp.29-66）を参照。
7）渋谷社長は当時の環境の変化について著書で次のように述べている。「（もともと）私たちは大手自動車部品メーカーの国内代理店として既得権益の中で部品を納入し（一部省略），win-winを信じてがんばっていた。（一部省略）この取引が永遠に続くかのような幻想を抱いて。（一部省略）ところが，1990年代初頭，この関係性に大きな変革が訪れる。その部品メーカーに海外資本が入り経営方針に変化が見え始めたのである。本業とは関係のない商品の引き取り要求がエスカレートしていった。（一部省略）『既得権益としての代理店業務をやらせているんだから，この程度の協力はしてもらわないと困りますなあ』なんて，まるでテレビドラマに出てくる悪徳企業の風。（一部省略）それから後，私たちの会社の代理店権は1年ほどの猶予を経て完全に剥奪され，（一部省略）虫けらの死の如く市場から退場させられた。（一部省略）無理をして在庫をしてきた補修品が一転，不良在庫の山。誰の責任でもない。私たち自身に問題があったのだ。（一部省略）身をもって高度経済成長の時代の終焉とグローバル化，事業構造の変化を知ることができたのだ。そして結局，属人的な関係性や本質的な付加価値の無い商取引は，いずれ消え去る運命である

と知ることになった」(渋谷，2012, pp.10-15)
8) 学術的には必要性主導型の事業の展開と考えられる。新規事業や起業の動機は，勤めていた会社の倒産などの後，他の選択肢がなく必要に迫られて会社や事業を起こす必要性主導型（Necessity driven）と，やりたいことやビジネスチャンスをいかしたい，という機会主導型（Opportunity driven）とに分かれ，Global Entrepreneurship Monitor（GEM）の大規模調査でも用いられている。また，この2つの動機の水準の違いや2極間の移動の条件を加味した実証研究も実施されている（Williams, 2008）。
9) 経路依存に基づく経営資源とは，例えばその会社の歴史や経緯などに深く関わる資源を指し，それに価値が見いだされると他社が真似しにくい競争上優位な経営資源とみられる。
10) 注8を参照。
11) 遂行性（Effectuation）による意思決定は，因果性（Causation）による意思決定の対概念として提起され議論されてきたものである。マーケティング理論などを中心に特定の市場などゴールを決めてその遂行のために必要な資源の獲得や活用を検討する，因果推論的な思考（Causation）とは逆に，起業や新事業開発の意思決定では，今ある資源に集中してゴールを決めていく遂行的な概念（effectuation）が有効であることが主張される。飲食店でお客がメニューを見て注文した後，シェフがレシピを見ながら料理するのが因果性（causation）による決定思考で，お店にはメニューがなく，今ある材料で熟達したシェフが腕を振るう決定思考が遂行性（effectuation）とされる（Sarasvathy, 2001）。
12) 注8を参照。
13) この思考は，リアルオプション思考にも通じる。不確実性が高い中でも，そこにある機会は逃したくないが，損失も出したくない。その打開策として，段階的な投資を採用し，期待利益と損失とのバランスを取ろうとする考え方である。同時に，許容可能な損失をあらかじめ考える，エフェクチュエーションの原則にも通じる。
14) 詳細は第2章を参照。
15) 会社成長の理論について論じたペンローズは，会社を生産資源の集合体として捉え，成長を既存の資源と新たな資源との組み合わせによる付加価値の創造とみるが，特に資源を保有するだけではなく人的資源を含む用途の役割を重視する（Penrose, 1959, p.32-34）。その上で，成長により獲得した資源を次の成長にいかすダイナミックなプロセスを会社は追及すると主張する。SVの場合，株式公開を契機に，既存の人的資源と新たな人的資源との新陳代謝が起こるとともに，それぞれの資源が再構成（re-configuration）される中で新たな付加価値が生み出され，成長の循環が起きている。ペンローズの会社成長の理論に沿った現象といえよう。
16) Imprintingとは刷り込みや刻印づけと訳されるが，経営学では3つの要素で構成される。それらは，sensitive periods（感受期や臨界期），stamps（刻印），persistence（固執）である（Milanov and Fernhaber, 2009; Marquis and.Tilcsik, 2013）。例えば，会社の創業期の学習プロセスに強く刷り込まれた出来事は，将来にわたり記憶に留まり，引きずられ，その後の意思決定や行動に影響を与えることになる。アントレプレナーシップの研究分野

では，創業時の様々な条件（事業環境，競争，パートナー，資源の蓄積，他の社内外の要因）がその後の経営成果に影響するという視点と，ある時点での意思決定が後の行動を制約するという視点の2つの分析視角からの研究アプローチが多いとされる。

17）Stevensonらの一連の論文は，アントレプレナーシップによる成長の考え方について，資源をベースに捉える視点と機会をベースに捉える視点から議論し，その本質を機会ベースのマネジメントの実践（opportunity-based management practice）と主張する（Stevenson and Jarillo, 1990; Brown, Davidsson and Wiklund）。現在のSVはまさに機会ベースのマネジメントへと転換したといえよう。

18）注16のImprintingを参照。

19）アスピレーション水準（レベル）とは，意思決定者が満足する最小の成果で，実際の業績とアスピレーションレベルとの差異が，企業のリスク行動に影響を与えるとされる。アスピレーションレベルに未達の場合（アスピレーションレベルの閾値より業績が小さい場合），直面する問題を解決する（損を最小化する）意識／焦りが強くなり，リスクは取ろうとしない（security seekers）。逆に，アスピレーションレベルを超えている場合（アスピレーションレベルの閾値より業績が大きい場合），選択肢の中に損失の差がほぼない時，リスクを取ることによる最大限の得を考えるようになり，リスクを取ろうとする（potential seekers）（Schneider, 1992）。

第6章

EOのメカニズムとは

EOは小さな会社の強力な武器になることは間違いないだろう。しかし，そこにはそれが有効に機能する条件もあるはずだ。EOが力を発揮するメカニズムとは何か。小さな会社が逆境から抜け出すための要諦とは。ここでは，これまでの実証分析の結果の概要を整理した上で，学術的な視点から6つの命題を提示したい。

1. EOの効用

1.1 稼ぐ力

　小さな会社は弱い存在と思われがちだが，必ずしもそうではなかった。筆者らが2007年から2015年の間に実施した，業種など母集団が異なる8つの大規模調査の結果（第3章），EOを発揮する小さな会社はしっかりと稼いでいることがわかった。より正確には「高成果企業⇒高EO」と「高EO企業⇒競争優位」ならびに「低成果企業⇒低EO」と「低EO企業⇒競争劣位」が判明した。

　仮に，経営成果をライバル企業との比較競争における業績の優劣とした場合，「高EO企業＝高成果企業」ならびに「低EO企業＝低成果企業」が成立する。本研究から，小さな会社の稼ぐ力の源泉が，EOに深く関わっていることが明らかになった。この結果は，欧米諸国を中心に発展するEO研究でも指摘されていることであったが，日本では本格的な実証研究に基づく初めての検証結果といえよう。

1.2 逆境から抜け出す力

　EOは，危機的な状況下で効果を発揮することが，実証分析からわかった。大震災による経営危機（第4章）や事業環境の悪化による経営危機（第5章），どちらの危機に対しても有効であった。

　事例でみた「津波による被害」や「多額の負債」，それぞれの危機の性質は異なるものの，その衝撃は共通して大きかった。まさに谷底に突き落とされて身動きがとれない状態そのもののようであった。そこから抜け出すためには，危機の衝撃と同じくらい大きく大胆な行動が必要であったことが推察できる。地面にたたきつけられたボールが高く跳ね上がる跳躍力のような力が必要であった。そして，その役割を担ったのがEOである。

　逆境の中から，もはや失うものは何もないというマインドが生まれ，失った

ものを取り戻すために，リスクをとり果敢に挑戦を繰り返したのである。生きるために選択した戦略は，守りではなく攻め，分析より行動，既存より新規であった。結果，業績も，EO水準の高い企業の方が低い企業を上回った。SV社がIPOを果たすプロセスにもEOマインドが際立っていた（第5章）。

2. EOの型

　EOが稼ぐ力や危機に有効であることはすでに述べたとおりだが，実証分析から（第5章），EOには2つのタイプあることが示唆された。それは，「利用型EO」と「探索型EO」で，小さな会社は「利用型EO」を主として選択し，それが「探索型EO」を補完している可能性があることがわかった。

　「利用型EO」は，事業機会の活用を軸に既存市場を深めるタイプで，「探索型EO」は，事業機会の探索や実験を軸に新市場を攻めるものである。どちらも，先駆的で革新的な戦略行動が求められるが，リスク負荷の程度に主な違いがみられた。

　実験的で不確実性がより高い「探索型EO」は，リスク負荷はやや大きく，失敗の可能性も高くなると考えられる。結果，成長する可能性は高まるものの，失敗による生存のリスクも高まる。一方，「利用型EO」は，経験のある市場での挑戦であるため，リスク負荷の程度は相対的に低くなり，生存リスクも抑えられる。しかし，その反面，大きく成長する可能性は，「探索型EO」と比べ低くなるだろう。

　現実には，小さな会社は，この「利用型EO」と「探索型EO」とを，異なる事業でうまく使い分けながら（「統合型EO」），生存と成長を実現しようとしていた。EOを2つの型に分けることにより，実践的なEO活用への期待が高まることが考えられよう。ただし，新規株式公開後など大きく持続的な成長を目指す場合，「探索型EO」を軸に機会ベース型のマネジメントの必要性と有効性が示唆された（第5章）。

第6章　EOのメカニズムとは　167

3. EOの境界条件

3.1　触媒条件

　EOは小さな会社の稼ぐ力に有効であった。また，危機的な状況下においても，同様に効果を発揮していた。ただし，そこには，EOがより機能しやすい環境や条件があったことも忘れてはならないだろう。

　第4章の実証分析結果は，EOが発揮されやすい諸条件が，過酷な環境認知を一定程度低下させるクッションの役割を果たし，業績回復の効果を発揮したことを指摘した。その要因とは，地域／コミュニティ，家族，従業員，取引先，同業者等との間に築かれた相互信頼をベースとする「社会情動的資産」であった。この存在が，どん底からはい上がる契機となり，攻める姿勢を再び喚起させてくれたのである。

　大きなショックからの回復には，それと同等の大胆かつ迅速な力が求められよう。その役割を担いEOを呼び起こしたのが「社会情動的資産」であった。危機的状況の中，小さな企業がEOを用いて復興を果たす影には，触媒条件としての経済的価値では測れない社会的資産の力が働いていたと考えられよう。

3.2　先行条件

　では，EOはどのようにして育まれるのか。その力の源泉はどこにあるのか。第5章の実証分析から，その要因は3つあった。1つ目は資源ベースの拡充とそれに伴う市場適応（学習）能力である。2つ目は経営トップの促進焦点マインドである。そして3つ目はアスピレーション水準の超過であった。

　SVが逆境からIPOへ至った道のりには，古くからの取引先を大切にし，結びつきを強め，そこから段階的に，新たな取引先との関係性を広げる漸進的なプロセスがみられた。その協働学習プロセスから積み上げられた経営成果や資源の蓄積が，組織の資源ベースを広く拡充させていったのである。また，生き

残りをかけて成長を志向する時点では，顧客や技術の動きを読み変化に適応できる能力（学習能力）が資源ベースを拡充する中で備わっていった。結果，EOを表出する先行条件が整ったといえよう。EOは本来，資源消費型の戦略行動であり，市場変化に適応した動きを迅速にとる必要があったと考えられる。

一方，小さな会社でEOが鼓舞されるためには，経営トップの志向性が大きく影響することは間違いないだろう。「着実に危機回避に有効なことに集中する」予防焦点型か，「危機回避後の発展の姿に目を向けて集中する」促進焦点型か，は危機的な状況下でEOが表出する重要な先行条件といえよう。

SVの場合は，予防焦点から促進焦点へとシフトが進むにつれてEOが芽生え始めている。この動きは，先に述べた資源ベースの拡充プロセスとEO表出との関係にも呼応した。守りではなく攻め，分析より行動，既存より新規，という戦略行動が育まれるには，「資源ベースの拡充とそれに伴う市場適応（学習）能力」ならびに「経営トップの促進焦点マインド」という先行条件の存在が鍵を握っていた可能性が高いといえよう。

加えて，経営トップのマインドに制限がかかり，予防焦点から促進焦点に転換した背景には，目標へのアスピレーション水準を実際の成果が超えたことが考えられる。

アスピレーション水準とは，意思決定者が目標達成に対して抱く満足度の最小の成果水準を指し，実際の成果がその水準を下回ると，リスク行動を控え，上回るとリスク志向へ転じるとされる。アスピレーションの水準点を挟み，経営トップの焦点が予防焦点から促進焦点にかわり，戦略行動がエフェクチュエーショナル思考からEOへと変化していったのである。

3.3　6つの命題

以下では，本研究からの発見事実を，危機的状況下での6つの主要命題（Proposition）として提起したい。その概要を図表6-1に示している。ブロックAはEOとEOに影響を与える諸要因との関係性を，ブロックBはEOのタイプとEOと生存／成長との関係性を表している。

命題1（P1）

　自然災害など不確実性が極めて高い事業環境下（危機認知が高い状況）では，小さな会社が保持する地域やコミュニティなどとの絆（関係性）を含む広い社会情動的な資産の存在が，組織に勇気と覚悟を与え，EOによる危機からの克服を促すといえよう。

命題2（P2）

　経営環境が過酷な状況下（危機認知が高い状況）では，資源ベースの拡充とそれに伴う市場適応（学習）能力の向上によって，生き残るための小さな会社の成長マインドが高まりEOが表出される可能性が高まるだろう。

命題3（P3）

　経営環境が過酷な状況下（危機認知が高い状況）では，小さな会社の経営トップや経営陣の戦略焦点が予防型から促進型へと集中することにより，生き残るための小さな会社の成長マインドが高まりEOが表出される可能性が高まるだろう。

命題4（P4）

　経営環境が過酷な状況下（危機認知が高い状況下）では，資源ベースの拡充とそれに伴う市場適応（学習）能力の向上によって，小さな会社の成長マインドが高まり，そのことが経営トップや経営陣の戦略焦点が予防型から促進型へ集中させ，EOが育まれる可能性が高まるといえよう。

命題5（P5）

　利用型EO，探索型EO，統合型EOを問わず，小さな会社がEOを表出することにより，組織の生存と成長の可能性は高まる。ただし，その3つのタイプの選択により企業の生存と成長のバランスに以下のような変化がみられるだろう。

命題5-1（P5-1）

既存の製品市場を徹底的に深耕する利用型EOを選択した場合，ややリスク負荷が抑えられるため小さな会社の生存の可能性は高まるが，大きく成長する可能性はやや低下するだろう。

命題5-2（P5-2）

新たな製品市場を果敢に攻める探索型EOを選択した場合は，ややリスク負荷がかかるため小さな会社の生存の可能性は低下するが，大きく成長する可能性はやや高まるだろう。

命題5-3（P5-3）

統合型EOは，小さな会社の事業に応じて利用型EOと探索型EOとを使い分けて挑戦のリスクを補完し合う。その結果，企業の生存と成長の可能性を同時に高めて経営の安定化が図られるだろう。

命題6（P6）

生存と成長を成し遂げた小さな会社から生まれた高い経営成果が，経営資源の蓄積を通じて余剰資源（スラック）や資源ベースの拡充を生み，組織に安堵感と成長マインドを与えるだろう。また，高い経営成果が経営トップのアスピレーション水準を超えることによって，新参入やリスク志向を刺激し，その結果，経営トップの戦略焦点が促進型へと向かい，EOの表出が高まることになるだろう。

図表6-1　危機的状況下での6つの主要命題

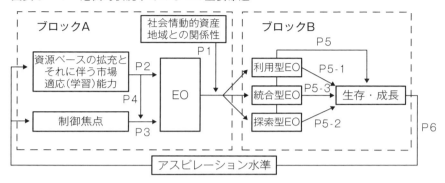

第7章

EOはマネジメントできるのか
7つのメッセージ

EOのメカニズムが機能するにはどうすればよいのだろうか。果たしてEOはマネジメントできるのか。ここでは、これまでの分析結果を踏まえ、発見事実に大胆に解釈を加えた上で、経営トップへの実践的な示唆を7つのメッセージとして示す。小さな会社がEOを道具として使うためのヒントを探ってみたい。

1. 視点を変える：環境決定論から主体的選択論へ

　近代経営学には，組織のとるべき戦略を検討するにあたって２つの方法論があるとされる。１つは，環境決定論という考え方で，自社を取り巻く事業環境が戦略のあり方を決定する重要な要素になるという見方である。この考え方に基づき組織がとる行動スタイルは，分析的な行動様式が特徴的となる。

　それに対して，もう１つの方法論は，主体的選択論である。組織の意図や目標が中心となり，将来を展望する行動様式が選択される。そして，その行動姿勢は事業環境を変える場合がある。イノベーションによる新技術や新製品の開発，新市場の創造も主体的選択論による能動的な行動スタイルの結果といえる。

　これは，アントレプレナーシップ（企業家活動）にも通じる考え方である。環境が組織の行動を決定するという考え方に対しても，その環境を組織がどのように認識するのか，という主体的な問題を重視する。

　理想は，環境決定論による分析的行動スタイルと，主体的選択論による能動的な行動スタイルがバランスされることであろう。

　しかし，現実には，後者の行動様式にやや躊躇しないだろうか。それは，そこにはよりリスクが伴うからだ。組織の業歴が長くなればなるほど守りに走り，主体的な選択論による行動スタイルは減退するのではないだろうか。また，経営陣を中心とする上位組織では攻める行動姿勢が強調され，中間組織以下では分析的で保守的な行動様式が強まるかもしれない。状況によっては逆もあるかもしれない。

　能動的行動スタイルの源泉を，加護野忠男教授は戦略駆動力と呼び，それは，組織内の行為者の心理的エネルギーによって支えられていると主張する。その概念について，次のように述べている。

　「戦略駆動力とは，企業としての志の大きさ，人々の負けん気，闘争心，それら

が生み出す企業としての積極性,大胆さである。一般的に企業家精神と呼ばれているものの核心をなすものである」(加護野,2003, p.7)

　この戦略駆動力は,本書で扱ったEO概念にも通じる。EOは,「市場参入を通じた事業機会の探索と活用を起点として,組織として新たな価値を生み出す活動プロセスのエンジン」と定義して,本書ではその構成要素として「革新性」,「先駆性」,「リスク負荷」を中心にあげて,その有効性と適切な活用方法を主張してきた。

　本研究からの第1のメッセージは,変化する事業環境下では,環境決定論による分析的行動スタイルから,主体的選択論による能動的行動スタイルへの,視点の転換が必要であることである。

　業績や経営の悪化を,景気や事業環境のせいにする声がよく聞かれるが,環境はどの会社にとっても平等である。大変だが,それをどう認知し,改善に向けた行動にすばやく移せるかが,会社の命運を左右するといえないだろうか。その方針と行動の決定こそが経営トップの重要な仕事になるといえよう。

2. 競争優位は一時的,変わる覚悟を持つ

　小さな会社に限らず,従来の競争戦略論の考え方の前提となっていた持続的な競争優位の維持は,崩壊しつつあるのではないだろうか。マグレイス教授は,加速度的な事業環境の変化が企業組織に次から次へと押し寄せる中で,持続的な競争優位ではなく一時的な競争優位へ戦略思考の根幹を転換すべきだとし,次のように主張する。

　「不安定で不確実な環境で勝つためには,経営陣はつかのまの好機を迅速につかみ,かつ確実に利用する方法を学ばなければならない。競争優位から最大の価値を引き出そうと,経営陣が頼りにし,組織に深く根づいた思考の枠組みとシステムは,今日の変化の激しい競争環境においては時代遅れであるばかりか危

険な負債だ」(McGrath, 2013, p.ⅲ-ⅳ)

　業界や国・地域によって程度の差はあるものの，企業の競争優位が長続きする状況はほぼ皆無になってきているのではないだろうか。事業環境の変化を分析しているうちに，次の変化の波が押し寄せてくる時代になっているといえよう。事業計画を緻密に作成しても，それが直ぐに陳腐化してしまった経験はないだろうか。

　本書で扱った事例をみても，環境変化のスピードは激しく，小さな会社は修羅場や倒産の危機を繰り返し経験していた。また，予想困難な自然災害による被害も尋常ではなく，小さな会社を苦しめた。一時的に危機からの回復をみせても，安心することなく，次の一手を探っていた。環境変化は，大企業以上に小さな会社にとってコントロールが難しいといえるだろう。

　だからこそ，環境変化を前提に，一時の競争優位に慢心することなく，行動することが大切だといえよう。不確実性と向き合い，これまでの成功体験は過去のものとし，商品やサービス，ビジネスモデルや組織体制など従来のあり方を常にチェックし，変える勇気と覚悟が問われている。心配性を全面に出しつつ，守るために攻める。競争優位性は持続しない，だから自ら変貌するしかない，という強い環境認識と覚悟を持つ必要があるのではないだろうか。

3. 機会ベース型のマネジメントを実践する (opportunity-based management practice)

　小さな会社にとって，成長なくして永続はありえないだろう。本書の事例分析からもその点について明らかになった。現状を維持するにも，衰退を避けるためにも，成長は不可欠な手段となっていた。では，成長するにはどのような戦略行動が有効なのだろうか。

　小さな会社が成長するには，現有する経営資源を軸にして，攻める市場を決めるアプローチ（資源ベース型）と，魅力ある攻める市場を決めて必要な経営

資源を獲得あるいは開発するアプローチ（機会ベース型）がある[1]。双方のバランスが重要であることは間違いないが，将来の安定した経営を長期にわたって展望する場合，機会ベース型へのシフトが有効であることが，危機的な状況に直面した2つの事例分析から示唆された。

アントレプレナーシップ（企業家活動）の本質である事業機会の探索と活用（新製品・サービス市場の探索と活用）が小さな会社の成長の要諦となっていたのである。

事例分析でわかったように，機会を求めて，成長の軌道を描きながら，高い頂きを次から次へとアプローチしていると，従来とは異なる新たな景色（機会）が目に飛び込んでくる。この連続的な機会の探索が，成長の連鎖を生むきっかけになっていた。事業機会の探索と活用を戦略の軸に据えて行動をとる姿勢が経営トップに求められよう。

4. リスクと向き合い，EOを使い分ける

組織にとっての最大のリスクとはリスクを取らないことだ，とよく言われる。しかし，「言うは易し，行うは難し」である。

EOの鼓舞は，得るものは多いものの，リスクも伴うため躊躇してしまうのが普通ではないだろうか。この挑戦とリスクの関係にいかに向き合うのか。実証分析からの示唆は，その間をつなぐ「クッションの存在」と「EOの使い分け」であった。それは，不確実性に対処するリアルオプション[2]の考え方を援用して，チャンスをみすみす逃すことなく，段階的にEOを鼓舞する方法とも言い換えられよう。

クッションは，挑戦による損失を吸収して，逆に大きく跳ね上がる力を与えてくれることが期待できる。事例からは，郷土愛，家族，従業員，業界仲間など地域／コミュニティの「社会情動的資産」が逆境から抜け出す要となり，また，学習を通じて漸進的に築き上げた「資源ベースの拡充」は，市場への適応能力を高め，挑戦する土台をつくってくれた。

こうしたクッションの支えで，経営トップの焦点が，攻める姿勢や成長志向へ向かわせてくれたのである。ただし，攻める方法にはバリエーションがみられた。既存の顧客か新規の顧客か，既存の商品か新しい商品か，従来型の売り方や仕組みか新たな方法か，これら顧客，商品，手法のどのような組み合わせか。事業によって組み合わせが変わることが考えられよう。

EOは主体的に攻める，能動的な戦略行動には間違いないが，その攻める場所や方法は様々であろう。徹底して既存の市場や商品を活用して，製品市場のニーズやウォンツにコミットする事業の「利用型」もあれば，実験的に新商品を，既存顧客や新たな顧客層にライバル社より先に売り込む事業の「探索型」も考えられる。いずれも，それなりにリスクは伴うものの，前者は損失許容の程度がやや低く抑えられるだろう。

この2つのEOの型を段階的に，「利用型」から「探索型」へと変化させたり，社内の事業によって2つを使い分けたり，1つの事業内で経時的に志向性を変えるなど，リスクと挑戦のポートフォリオの組み合わせは多数考えられないだろうか。

全社レベルの成長の射程距離や手持ちのクッションの状態を加味しながら，リスクに向き合い，EOの活用に工夫を凝らす。これが経営トップの重要な仕事の1つと言えないだろうか。

5. 組織に小さなカオスをつくる

組織は，生まれて年齢を重ねるにつれ守りに入り，攻める姿勢は抑制的になるとよく言われる。業歴を重ねた組織は，過去の成功体験に縛られて，新たな挑戦に躊躇してしまい，結果，他社に遅れをとってしまうという説である。

組織の幹部役員も，年齢とともに守りに入る可能性が考えられる。自身の保身に走るケースもあるだろう。会社の黎明期には，挑戦意欲が旺盛で攻めることこそ最大の防衛である，と主張していた人々が，会社の年齢と本人の年齢が上昇するにつれ，その戦略姿勢が減退していく。EO水準が企業年齢とともに

低下していく現象である。

　組織が発展するプロセスの中で，静かに少しずつEOが浸食されていくのである。現在，こうした黄色信号が点滅する中小企業は意外と多いのではないだろうか。まだ挑戦意欲があるうちに，経営トップがすぐにでも行動を起こす必要があろう。

　その方法として2点指摘したい。1つ目は，あえて過酷な競争環境に一時的に身を置き，組織に緊張感と危機感を持たせることである。「生き残るために成長しないといけない」「組織を守るために攻めないといけない」という事例分析で紹介した認識スタイルを組織に植え付けるために，時にあえて差別化戦略を選ばず，同質的な小さな市場で競争相手と正面から戦い，闘争心をあおる，というのも乱暴だが1つの考え方として有効かもしれない。

　2つ目は，新たな組織やプロジェクトの組成，若手の抜擢による人事の刷新，新事業の提案，組織改革などを繰り返し，意図的に組織内に小さなカオスを作り出すことである。個々人が主体性と創造性を発揮し，将来を展望できる組織文化が醸成するきっかけとなり，荒療治だが有効かもしれない。

　いずれも，従来のやり方に慣れた組織にとっては，面倒で痛みを伴い時間を要するが，EOを醸成あるいは再生する契機となるだろう。経営トップが先頭に立ち，覚悟を決めて組織に一定の成長スペースをつくってみてはどうだろうか。EOを育むために刺激の付与は欠かせないといえよう。

6. 組織内の摩擦を変革へリードする

　EO表出の典型的な例として，不確実性の高い製品市場への参入がある。しかし，そこには組織内部の意見の衝突や対立もあるだろう。なぜ，このタイミングでその製品市場へ参入するのか。分析的で確かな情報の裏付けがないと動かない（逆に言うと，分析結果に基づく方針に対しては忠実に動く）幹部役員と，ある程度の情報を基に直観的かつ迅速に動こうとする幹部役員とが組織にいるかもしれない。この分析型と能動型の他，言われたら動く受け身型の役員

もいるかもしれない。

こうした戦略行動の違いを，経営トップがどのようにリーダーシップを発揮して組織としてのEOを表出させるのか。志向性の違いを対立や摩擦へ向かわせず，攻める姿勢へリードできるか。経営トップの手腕が試されよう。

一方，小さな部署単位での従業員による行動様式も，革新的で，先駆的かつリスク負荷の志向性が求められる。そのための部長やチーム長のリーダーシップも欠かせないだろう。

ただし，これは，行動姿勢の変化を求める本質的な改革であるため時間を要することは間違いない。社長の訓示，勉強会，交流会など対話と思考の場を意図的につくり，地道にインターナルコミュニケーションを繰り返す中で構成員の思考の変容と同定が見えてくるといえよう。

そこでは，経営トップ自らがロールモデルを提示したり，明確なビジョンを共有し，従業員への高い期待を表明するなど変革型リーダーシップ[3]を発揮することによって，従業員との信頼関係を高めることにつながるだろう。その結果，従業員の行動に変化が生まれることが期待できよう。

組織内の摩擦解消に向けた仕掛けづくりとリーダーシップのありようが，EOを育むマネジメントに問われているといえよう。

7. 次世代へつなぐ

小さな会社が永続するためにEOの継承は欠かせないだろう。したがって，世代交代のタイミングでの，経営トップのEOへの理解は，さらに重要性を増すだろう。

創業経営者は比較的強い動機に導かれ，自ら道を切り開く闘争心が顕著である一方，後継経営者は，その事業基盤を引き継ぐため，型破りな行動は控えて，次につなぐ堅実な経営を目指す傾向があると言われることがある。二代目，三代目と年輪が増すにつれ，その傾向はさらに強まるだろう。

先代で培った顧客からの信頼や商売の仕組みは，組織の資産となるが，後継

者にとって，それは新しい事業展開の障害にならないとも限らない．結果として，守りの姿勢が強まり，新たな行動を控えるようになる．先代から引き継ぐ価値に重きを置きすぎて，目の前の顧客価値を軽んじてしまい，組織に危機が訪れる場合もないとは言えない．単なる事業の承継ではなく経営の承継，墨守ではない新たな顧客価値の創造への覚悟が求められよう．

そのためにも，先代が現役でいるうちから後継者に，次代に引き継ぐ価値の選別と主体的選択論の重要性の承継を，長い時間かけて伝承し続ける場や仕組みも必要かもしれない．覚悟をもって，生き残りと新たな飛躍のために，過去を断ち切る勇気も後継者には欠かせないといえよう．

誰を後継者にするのか．また，どのように後継者を育成するのか．同族企業でさえ，生き残るためには，外部から養子縁組をして優秀な経営トップを迎えることがある．組織の存続と飛躍を考えた場合，EOを発揮できる，使いこなせるリーダーの登用も検討に値しよう．外部からの登用，内部からの昇進，実力に応じた若手の抜擢など，しがらみに囚われない経営トップの配置が求められよう．

創業者や今のオーナー社長のEOの水準が高くても，いつその行動様式が減退するかわからない．創業のプロセスや危機的な事業環境下では，組織が一体となり攻める姿勢が際立っていても，一時的な競争優位を達成し安定した状態が長く続くと，行動を起こすマインドが劣化し元の高いEO水準へ戻ることが極端に難しくなってしまうことも多い．

社長の高齢化とも相まって，一種のバーンアウト現象（燃え尽き症候群）が起き，挑戦心や闘争心が萎えて，「このままでよい」，「このままがよい」という守りに入る現象をよく観察する．こうした状況を経営トップ自らが認知した時，それは，世代交代のシグナルと考えてよいかもしれない．

世代を超えてEOを組織に根付かせるためには，各世代の経営トップの覚悟と果たすべき役割は大きいだろう．近年，世界的に企業家を支援する組織の活動が活発化している．政府による積極的な支援策[4]や，民間の起業家ネットワークの中で，切磋琢磨し相互の成長を促す動きもみられる[5]．様々な場を

活用しながら，EOを次世代に継承する取り組みが求められよう。

　ここで示したEOマネジメントの7つの実践的示唆は，すべてが同時に求められるものではなく，各社それぞれの成長ステージや置かれている状況によって，留意すべき点は変わることは言うまでもないだろう。また，ここで提起できていない重要なEOマネジメント要素もあるはずだ。EOの有効性とメカニズムを理解した上で，経営トップが中心となり，いかにEOと向き合うのか。これらの示唆が，その方法を考える一助になれば幸いである。

■注
1）機会ベース型（opportunity-based management practice）の詳細は第5章を参照。
2）リアルオプション思考は，不確実性が高い状況下で，そこにある機会は逃したくないが損も出したくない時に検討される。事業に対して，段階的な投資を採用し，期待利益と損失とのバランスを取る考え方である。
3）変革型リーダーシップの行動は，組織構成員の信用と満足度を高めることを介して，影響を及ぼすとの研究成果がある。また，その変革型リーダーシップの行動の要素として海外文献では，Articulate Vision, Provide Appropriate Model, Foster Acceptance of Goals, High Performance Expectation, Individualized Support, Intellectual Stimulation があげられている（Podsakof et al, 1990）。
4）代表的な政府支援プログラムとしては米国SBDCプログラムや英国のBLプログラムがあげられる。それぞれのプログラムは時代とともに内容を変容させているが，その本質的な狙いは共通している。詳細は江島（2014）の第6章のp. 214-220を参照のこと。
5）代表的な例として，本書で扱ったEOと同じ略語を使ったEntrepreneurs' Organization: EO（起業家機構）がある。それは，46か国143チャプター約10,000人のメンバーで構成され起業家や創業者を支援する組織である。1987年に設立され，年商100万ドルを越える会社の若手起業家の世界的ネットワークを組む。そのビジョンは「世界で最も影響力のある起業家コミュニティを形成する」こと，活動理念は「優れた起業家が学び成長することを支援する」こととして，5つの価値観を共有する。それは「Boldly Go!!（果敢な挑戦）」「Thirst for Learning（学びへの意欲）」「Make a Mark（次代を創る）」「Trust and Respect（信頼と敬意）」「Cool（格好良さ）」で，EO（Entrepreneurial Orientation）概念とも一部重なる。

第8章

EOからSEBへ

過去30年間，EO研究は世界的に急速な発展をみせている。EOの効用については，支持する見解が多数を占める一方，その概念と構成尺度については，学会においてさらなる進展がみられる。ここでは，EO研究の最前線に触れながら，筆者らの実証研究を紹介し，学術的な視点からEOの今後について展望してみたい。

1. EOの本質とは

　第2章で述べたとおり，EOとは，製品市場への新参入を通じた事業機会の探索と活用を起点として，組織として新たな価値を生み出す事業活動プロセスの駆動力と定義される。

　言い換えると，アントレプレナーシップ（企業家活動）の力の源泉と捉えられよう。その本質は，守りではなく攻め，分析より行動，既存より新規という主体的な行動様式にある

　その研究の始まりは，1980年代の米国社会で顕著になった，企業家の活動，新興企業の胎動，ITを中心とする新産業の登場という現象であった。こうした一連の動きをアントレプレナーシップ（企業家活動）と捉えて研究が進むが，その中核をなす概念としてEOが登場してきた。

　その源流はマギル大学の教授陣の一連の戦略研究の成果にあり（Khandwalla, 1972; Mintzberg, 1973; Miller, 1983），その後，Miller/CovinモデルやLumpkin/Dessモデルとして発展していく。

　しかし，ここで理解しておきたい点は，EOとは，その源流を遡ると，戦略行動の次元での概念として捉えられていることである。決して，経営トップの人としての資質や哲学に限定した概念ではない点に留意する必要があろう。EOとは，製品市場への新参入に関わる戦略的な行動様式の1つの型であることを忘れてはならないだろう。

　近年，学会では，EOとは，そもそも企業家的（entrepreneurial）な行動（behavior）を示すものなのか，それとも企業家的（entrepreneurial）な姿勢（attitude）や気質／性質（disposition）を示しているのか，その本質的な議論が盛んである。それは，その捉え方の違いが，EOの概念や実証分析の結果／解釈に影響を及ぼすからに他ならない。

　言い換えると，この30年の間に，世界中でEOに関わる多くの実証分析や議論が行われ，その報告の量とスピードに押される形で，やや概念と構成尺度へ

の混乱があったと見て取れるかもしれない。

　改めて前述したEOの源流に遡りその本質を探ると，EOとは戦略行動の1つのタイプであることがわかる。こうした視点に立ち，第2章で述べた，現在，世界で主流になっているMiller/CovinモデルのEO構成尺度をミクロレベルでみると，企業家的（entrepreneurial）な行動（behavior）と姿勢（attitude）や気質／性質（disposition）が，やや混在していることがわかる。

　EOの生みの親とも言えるJeff Covinも，この点について部分的に認識するものの，行動と姿勢や気質とは，明示的に切り離すことは現実的ではなく，EOが多角的な因子を反映している一元的な尺度である点から（reflective measurement／反射的尺度），オーバーラップする部分は多々あり，指標の構成や概念ならびに尺度について大きな問題は含んでいるとはいえないとしている注）。

　一方，厳密にEOを戦略行動と捉えて，企業家的な性質・気質と切り分け，科学的にその効果を検証する研究は，EOの概念と操作化を明確にする上で重要であるにもかかわらず，この間，学会ではあまり報告されてこなかった。EOの本質や要素を取り逃すことなく，さらにその概念の純度や測定の精度を上げたEO研究の進化は，ここまであまりなかったといえよう。

　従来のEOの意義と効果を認識した上で，実証研究面でさらにEOの概念構成と操作尺度の精度を高めることが，現在の学会におけるEO研究に求められているといえるのではないだろうか。

　筆者らはこの点に注目をして2つの実証分析を試み，新たな発見事実と知見を提示している。以下，その概要について解説してみたい。

2. 修正版EO

2.1 調査の背景と概要

　企業の戦略行動の様式や思考についての研究成果を踏まえ（Khandwalla,

1972; Mintzberg, 1973)，EOの構成概念と操作尺度は急速に進化し，学会に大きな影響を与えてきた（Miller, 1983; Covin and Slevin,1989, 1991）。その概念の構成は，「革新性」，「先駆性」，「リスク負荷」からなり，本書においてもその有効性を主張してきた。

しかし，この3つの概念を実証研究において操作する際の尺度の細部に目を向けると，先に示したEOの本質である戦略行動の他，経営トップの気質や性質に関わる要素が混在していることがわかる。

繰り返しになるが，行動と気質とは異なる要素であり，戦略行動の1つの尺度として指標を構成するには工夫が必要であるとの見解を筆者らは持っていた。特に，より鮮明に姿勢や気質に関わる因子がみられるのが，「リスク負荷」の概念であった。

この点を考慮して，EOを企業家的行動（Entrepreneurial Behavior: EB）と経営者のリスク姿勢（Managerial Attitude towards Risk: MATR）という，行動と気質の2つの概念から構成される新たな尺度として再構成し，従来型のEOと修正版EOとの効果の違いを検証する研究プロジェクトを，筆者らは立ち上げて検証を行った。

Miller/CovinモデルのEOは，3つのサブ指標すべての関連因子を一元的に集約した指標（first reflective model）であるのに対して，修正版EOは，2つ

図表8－1　韓国と英国の中小企業調査の概要

	掲載論文	フィールド	調査概要
調査①	Anderson, Kreiser, Kuratko, Hornsby & Eshima (2014)	韓国	2011年に調査。610社からの回答（有効回収率：5.4%）。
調査②	Eshima & Anderson (2016)	韓国，英国(UK)	英国（UK）調査：2013年に実施。134社から回答（有効回収率：2.2%）。韓国調査：調査①と同様。

のサブ指標を集約した指標（first reflective second formative model）となっている。

　ここで紹介する研究プロジェクトは2つの調査を基礎にしている。いずれも筆者が直接関わり，論文と学会報告を通じて公刊している。

　調査対象とした地域は韓国と英国で，すべて中小企業を対象にアンケート調査を実施して関連するデータを入手した。その上で，回収した有効データを用いて統計解析を行い，発見事実と理論的示唆を提示している。詳細な分析方法や統計解析の手続きならびに解析結果については，紹介する掲載論文を参照していただきたい。

　ここでは，先に述べたEO研究の論点の1つである修正版EOの効果を軸に，調査分析からわかった様々なエビデンス（証拠）を示しながらEOのメカニズムについて検討したい。図表8-1は2つの調査の概要や掲載論文名を記している。

2.2　調査①からの発見事実と示唆

　調査①は，2011年に韓国で実施したものである。610社からのアンケート調査票を回収して分析データを整備し統計解析を行っている。

　ここでは複数の研究の狙いがあった。第1に，日本以外のアジア圏でのEOと業績との関係性の分析，第2に，EOを促進する諸要件の分析，第3に，修正版EOの効果である。なお，ここでの業績指標とは，5つの業績に関わるサブ指標に対する経営トップの満足度と捉え，指標化して用いている。

　重回帰分析の結果，韓国調査においても，日本と同様に，EOは業績に強く影響を与えていることがわかった。

　また，Miller/CovinモデルによるEO指標と，企業家的行動と経営者のリスク姿勢を区別した修正版EO指標とを比較して，分析モデルを構築し比較分析を試みたところ，両者ともモデルの適合性，指標の妥当性ならびに信頼性において統計上有意で，EOが強く業績に影響を与えることが確認できた。

　ただし，両者を比較すると，修正版EOのほうが従来のEOよりも，モデルや

指標の頑健性において，比較優位であった点も本研究の大きな成果であったといえる。

一方，EOと企業業績の関係に影響を及ぼすと考えられている事業環境（過酷な事業環境）については，階層的回帰分析の結果，マイナスの結果を示したが，統計上有意な結果を得られなかった。しかし，修正版EO指標を用いて，パス解析を実行したところ，EOのサブ概念である企業家的行動は，過酷な事業環境に対して，統計上有意な負の結果を示し，逆に，経営者のリスク姿勢は，マイナスの結果を示したが，統計上有意な結果は得られなかった。

EOの本質が組織としての企業家的行動にあるとみた場合，事業環境は比較的好意的な状況にあるほうが業績に良い影響を与えるといえ，本書（日本での実証分析結果）での主張とも一致する。

2.3　調査②からの発見事実と示唆

調査②は，英国（UK）での調査の分析結果と，前述した韓国での調査分析の結果とを比較分析したものである。韓国調査の概要はすでに述べたとおりだが，英国（UK）調査は，2013年に中小企業向けに実施され，回収された134社の有効なデータを用いて解析を行っている。

ここでの研究の最大の狙いは，EOに影響を与える諸要因の特定であった。具体的には，過去の企業業績に裏打ちされて増加する資源ベースが，市場への適応能力を高め，その結果EO水準を高める，という仮説の検証である。つまり，「過去の業績→資源ベース→市場への適応力→EO」という関係性を2つの異なる地域での実証研究を通じて明らかにしようとした。

パス解析による分析の結果，韓国ならびに英国において市場への適応力が過去の業績とEOの関係を媒介する役割を担っていることがわかった。この点については，本書の第6章で述べた実証研究からの発見事実ともほぼ整合する結果となった。

なお，ここでのEOはCovin/Slevinモデルではなく，修正版EOを用いている点に留意する必要がある。そして，そのEOの先行条件として，過去の業績が，

図表8-2　修正版EOのメカニズム

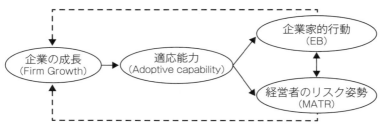

出所：Eshima and Anderson（2016）

　組織の資源ベースを拡充し、その活用により、新製品の需要に関わる事業機会の変化に適切に適応できる能力（市場への適応力：adoptive capability）が向上し、その結果、EO水準が高まる、というメカニズムが検証された。

　第2章で述べたとおり、学会で注目されている今日的なEO研究の課題の1つは、EOの先行条件についてである。「EO→業績」、「EO→業績の関係を左右する諸条件」、「事業環境とEOと業績」の研究は、比較的その蓄積がみられるが、「EOの先行条件」の研究蓄積は、その重要性とは裏腹に希薄であるといえる。さらに、EOの源流に照らしたEOの構成概念についての議論も深まっているとは言えない。調査①及び調査②からの発見事実と示唆が、今後のEO研究の発展に寄与することを期待したい。

　図表8-2は、韓国調査と英国調査からわかったEO（修正版EO）のメカニズムで、第6章で整理した本書で扱った実証研究成果ともほぼ整合する結果となっていることも指摘しておきたい。

3. EOとSEB

　EOとは、製品市場への新参入を通じた事業機会の探索と活用を起点として、組織として新たな価値を生み出す事業活動プロセスにおける駆動力であり、アントレプレナーシップ（企業家活動）の源泉である。その本質は、守りではなく攻め、分析より行動、既存より新規という主体的な行動様式にある。

企業家的である会社とはどのような組織なのか。この問いの解へのヒントは，マギル大学の教授陣らによる一連の戦略研究成果にあり，それがEOの底流にある企業家的行動（entrepreneurial behavior: EB）であった。これは，戦略行動の1つのタイプという点で筆者らは，戦略的企業家行動（strategic entrepreneurial behavior: SEB）と呼び，現在，その概念の深度化と構成尺度の開発に取り組んでいる。

　SEBとは，小さな組織レベルの戦略行動を分析単位とし，製品・サービス市場で先駆性を発揮し，革新行動を通じた，新たな顧客価値の創造に関わる一連の戦略行動のプロセスと捉える。経営トップのリスクへの気質は，市場での戦略行動の背後にあり，行動様式とは切り分けて，純粋に企業家的な行動に焦点をあてた新たな尺度の開発に取り組んでいる。

　筆者らによる実証研究成果（Eshima and Anderson, 2016；Anderson et al., 2014）から，SEB（EB）の効果は検証され，概念としても，構成尺度としても，従来のEOよりも実態をよく反映した指標として適切に捉えられていることがわかってきている。

　シュムペーターの理論にも整合し，イノベーションを創造し，市場でのリーダーとしての存在が際立つSEBの概念は，高い経済価値を生み，社会に新たな活力をもたらす重要な役割を担うと考えられる。

　一方，SEBの定義，概念化と操作化，境界条件，メカニズムに関わる定量的かつ定性的な実証分析の蓄積は浅く，これまでのアントレプレナーシップ研究やEO研究の全体を俯瞰しながら，議論と考察を重ねていく取り組みが一層必要であるといえよう。SEBの構成尺度の操作化の開発と実証研究によるそのモデルの信頼性と妥当性の検証も待たれる。微力ながら筆者も，地道にその役割を担っていきたいと考えている。

注）これは，Professor Jeff Covinとのメールを通じた対話や，筆者の共同研究パートナーであるAssistant Professor Brian Andersonを通じた間接的なコメント，ならびに本人による学会での発言や複数の論文上での見解を総合的に整理した筆者の理解である。

エピローグ

私は本書のプロローグで，読者の皆さんに次のような問いを投げかけていた。

- 小さな会社は成功できないのか，本当に稼げないのか。
- 小さな会社が生き残り，成長する鍵とは何か。
- どのような戦略行動が小さな会社の命運を左右するのか。
- 小さな会社の潜在力（底力）はどの程度か。
- 経営トップは何に注視すべきか。

今，改めて本書を読み返してみると，自分で掲げたその大胆なテーマに驚いてしまう。果たして問いに対する答えを示すことはできたのだろうか。

今さら反省しても遅いが，これだけは成し遂げたと言えそうな気がすることがある。それは，経営現場でこれまで語られてきた成功体験や失敗体験を，完全とはいえないまでも，経営学の視点から見直し学術的に解明を試みた点だ。

本書は，啓蒙書の特徴である小さな会社の「個々」の成功のストーリーを，他の小さな会社にも当てはまるように「条件」や「一般化」を，経営学の枠組みを用いて試みたつもりだ。経営の覚悟と行動，そして条件さえ整えば，小さな会社でも大きく成長する可能性が高まることを主張してきた。それは，精神論ではなく実証分析に基づく科学的な研究成果に基づいている。

不完全ではあるかもしれないが，学術的な知見をヒントに分析した結果，その解の中心には，会社の行動エンジンともいえる企業家的志向性（EO）という戦略行動の型が，確実に存在していることがわかった。

それは，守りではなく攻め，分析より行動，既存より新規，という型だ。その底力は凄まじく成功の中核を担っていた。ただし，そこにはEOを発揮できる条件も揃っていたことを忘れてはいけないだろう。

それは，第一に，危機への認知と慎重かつ大胆な行動だ。変わること，攻めること，は恐れないものの，無謀な行動は決して取らないことも重要であった。

また，EOには探索型と活用型の2つの型があり，会社の置かれた環境や発展のステージによって選択が変わった。

　家族，地域／コミュニティ，取引先など「社会情動的資産」の存在もEOの発揮に重要な影響を与えていた。小さいがゆえに外部の経営資源や心理的な情動資産の存在が過酷な環境に立ち向かうためには，なくてはならないものになっていた。

　そして，こうした諸条件がEO（活用型EOと探索型EO）と適切にフィットすることにより，リスクを抑えながら，新たな事業を促進する力となり，会社の底力が発揮されたといえよう。

　既存の事業の発展にこだわることと（活用型EO），ニッチな分野で新たな事業を仕掛けること（探索型EO）とのバランスが取れており，常にその両輪が稼働している状況が成功の背景にあったといえよう。また，成長のスパイラルを求めて，機会の獲得を最優先に考え，必要な資源を後から調達する機会ベース型のアントレプレナーシップ（企業家活動）の発揮には探索型EOが有効であった。

　冒頭の問いに戻り，それにあえて答えるとすると，次のような表現になるだろう。

　「小さな会社であっても，しっかりと稼ぐことはできる。生き残りや成長ができないわけではない。その鍵は，戦略行動の1つの型であるEOが握っているようだった。その発揮こそが小さな会社の命運を左右するといえよう。なお，その力は確かに会社の競争優位を一時的に高めてくれるが，そこには，適切な経営トップによるマネジメントが求められる。EOが発揮されやすい組織づくりが，末永く会社が生き残り繁栄する基本になる。そのために経営トップは，安定ではなく，変化に強い，瞬発力のあるしなやかな組織づくりを志向する必要があるのではないだろうか」

　かつて，第一，第二次，第三ベンチャーブームという言葉が流行り，力強い

小さな会社は一時的にしか現れないのか，と残念に思ったことがある。しかし，よく調べてみると，世の中に報道されていないだけで，どんな時代でも突き抜けようとする小さな会社はいつも存在する。歴史的にみてもそうだ。産業の新陳代謝や経済発展の主役は，いつも小さな会社で，その底力が変化の起点になってきた。

　近年，筆者が住む関西でも，元気の良い会社が次々と産声を上げているし，そうした活動を応援するムーブメントも　途絶えることなく息づいている。

　2009年に創業した，akippa㈱（社長　金谷元気）は，現在，世界的な潮流になっているシェアリングエコノミーの発想で，空いている駐車場の貸し借りを軸に事業を急成長させている。また，㈱鯖や（社長　右田孝宣）は2007年に設立された。IT技術を駆使したハイテク事業ではないものの，鯖にとことんこだわり，世界に向けて日本のとろ鯖を発信し成長を続ける。

　企業家予備軍の人々が，構えることなく，キャリアの１つとして企業家を考えられるように支援の動きも出てきている。2013年２月の大阪市の「大阪イノベーション宣言」を契機に動き始めたグランフロント大阪に拠点を置く大阪イノベーションハブは，失敗を恐れず繰り返し挑戦する人を称賛し応援する。

　「ものアプリハッカソン」などのワークショップ，シリコンバレーツアー，ピッチや各種イベント等を通じて，挑戦者のパートナー探しやプロジェクト創出の支援を行う。学生，サラリーマン，大企業，中小企業，男性，女性，事業者，支援者，サービス業，製造業など幅広い層や分野での重層的な出会いとネットワーキングが，日常ベースで，継続的に機能しているようにみえる。

　筆者は，定期的にその場を観察しにいくが，一時的なイベントや流行ではなく，地味だが確かな出会いと学びがそこにはあり，活気を呈しているようにみえる。もしかすると，ここ数年のこうした関西のムーブメントは持続可能なものとして地域に根付いてきているのかもしれない。

　本書の執筆の構想をしていた頃，熊本地方で震度７の大地震が発生した。その後，余震活動も続き，大きな被害が出た。被害者をはじめご親族の方々へは

心よりお悔やみとお見舞いを申し上げたい。

　筆者は幼少の頃，福岡県大牟田市に住んでいたことがあり，熊本城にも何度か足を運んだ記憶がある。被災地域の周辺には，地場企業や零細な小規模企業も多数立地しているだろう。この地域での被害が最小限であることを願うとともに，被害を受けられた企業や地元の方々の一刻も早い回復をお祈りしたい。

　日本では，地震，津波，土砂崩れ，河川の氾濫や洪水，大雨，火災など，甚大な被害をもたらす自然災害が多発している。1995年1月17日には筆者の住む神戸も阪神・淡路大震災に見舞われた。また，2011年3月11日は，あの未曽有の東日本大震災が起きた。改めて自然災害の脅威を意識させられるできごとが続いている。

　事業継続計画（BCP：Business Continuity Plan）やリスク管理など企業の準備や対策もなされてきてはいるが，被害からの回復プロセスの現実は，想像を絶する苦痛と激務が伴うことは間違いないといえよう。

　すべての資源を一瞬にして失い，絶望の中でこれからを考えないといけないオーナー経営者，経営陣，従業員の心境を考えると言葉を失う。本書で扱った，自然災害や倒産の危機からのリカバリープロセスの事例はごく一部で不十分かもしれないが，将来の危機とそこからの復旧と復興に備えるほんの少しのヒントとして，また会社を継続させる戦略思考の1つとして，わずかでも経営のお役に立てれば幸いである。

　本書では，事業環境の変化や危機を起点として，そこからの戦略行動のあり方について検討を加えてきたつもりだが，学術的にも，実践的にも，必ずしも十分とは言えない部分が残ったことも事実である。

　学会における研究では，悲しみのどん底からはい上がり（grief recovery process），危機以前の状態に迅速に戻るためには，組織としてあるいは個人としての，復元力（resilience）や企業家的自己効力（Entrepreneurial Self-Efficacy：ESE）など認知科学的な知見や分析アプローチが注目され研究が進んでいるが，本研究においては，残念ながら，データの制約からその点まで十分に考慮して分析はしていない。また，社会情動的資産あるいはソーシャル

キャピタルとしての絆に関わる議論も論じたつもりではあるが，これも情報とデータの制約から深掘りはできなかった。

　本書の狙いが，小さな会社の経営者の方々に，できるだけわかりやすく，世界の学会での議論や学術研究からの示唆を伝えることにあったため，分析方法や発見事実の解釈や議論について，十分に踏み込んでいない点も多々あったかもしれない。本来であれば，緻密な分析と解釈に基づく小さな知見をパズルのピースとして，それらを集めて全体像を描きたかったが，おぼろげな姿を表現するにとどまってしまった点については，今後の課題としたい。

　さらに言えば，本書は主に小さな会社の成長に焦点が当てられている。生き残りのためにも一定の成長が欠かせないことも示唆しているが，厳密に検証しているわけではない。実践経営の現場からは，実は，倒産せずに事業を細々とでも継続させる思考と行動と，事業や会社を大きく成長させる思考と行動とでは，その要諦が異なり，両立が難しいとのフィードバックをいただいている。

　前者のポイントの会得も難しいが，圧倒的に後者の方法に悩み，失敗し，諦める経営者が多いような気がする点に問題意識を抱き，本書は執筆したつもりである。「失敗しない思考と行動」と「成長する思考と行動」，そして，その両立のマネジメントの鍵についても，現在，研究を随時進めているところである。すべて合わせて，今後の宿題とさせていただきたい。

　執筆の途中，いつものように妻と愛犬サニーと一緒に，家の周りを散歩していた時，竹林で覆われていた一帯がきれいに伐採されているのに，ふと気づいた。

　それは，土地を造成して住宅を建てるための準備のためだろう，と思い通り過ぎていた。その後，日課の散歩をしばらく休んでしまって，1週間ほどたち同じ場所を通った時，なんと伐採したはずの竹が，あちらこちらから，無数に芽を出し始めていた。さらに数日後，そこには，伐採されたはずの竹が，数センチから数10センチの勢いで，これでもかと言わんばかりに伸び，それからほぼ1か月後，元の竹林に完全に戻っていた。いったい何のために伐採したのか，

という思いもあったが，それ以上に竹の生命力に驚いた。

調べてみると竹は，多年生の植物で，毎年地下茎の節にある芽子から新しい竹が発生し，わずか数か月で立派な竹に育つようだ。記録では，1日（24時間）に1m以上伸びた竹もあるという。

竹は，雨風にも強いと言われる。細く高く伸びているため台風の時には，全滅するようにも思うが，その逆で，しなやかな性質から，左右に風をよけながら外圧に耐えている。また，地下茎の伸長は，土質や気象条件によって異なるが，1年に5m伸びた記録もあるようだ。さらに，根っこ同士は地下で縦横無尽に繋がっていて，昔から「地震の時には竹藪に逃げろ」と言われるほど強い。

1本の竹は，衣食住を問わず私たちの暮らしも支えている。タケノコや竹葉を100パーセント使った茶葉，竹籠バックや竹ザルなど，余すところなく1本の竹は活かされている。しなやかで，したたかな1本1本の竹が群生している姿は，美しくも見え，たくましくも見え，ありがたくも見える。

まさに，その景色は，日本社会の9割を超す小さな会社が目指す姿に見てとれる。1社1社が固有の強みを活かし，次々と新しい商品やサービスの開発に取り組む。生き残るために懸命に成長を繰り返し，そのためにしっかりと地域や顧客とつながり，リソースを積み上げながら，次の環境変化に備え事業機会を見過ごすことなく果敢に挑戦する。失敗しても，したたかに成長に向けた挑戦を繰り返すプロセスを経て強くなる。この特性が竹の性質と同様に，小さな会社の骨太な生命力の原点に映る。

小さな会社が大きく成長し生き続けるメカニズムの解明は，今後とも続く。世界の経営学者もこの点に注目している。日本経済の屋台骨であり，圧倒的な存在感を示す小さな会社の潜在力が絶えることなく，大きく顕在化することを切に願っている。そのために，地道な基礎研究と経営現場への有効な知見の提供を，微力ながらこれまで同様に継続していきたいと考えている。

本書を上梓するには，数多くの小さな会社の経営トップの方々のご協力をいただいた。ご多忙の折，本業へのメリットが直接見えない学術調査に対して，

一問一問，正確かつ誠実にご回答いただき，忌憚のないご意見もお伺いでき，本研究の土台を構築することができた。延べ3,200社を超える中小企業経営者の協力なくして本書は完成しなかった。

　個別のインタビュー調査ならびに郵送アンケート調査へのご協力に対して，この場を借りて深く御礼申し上げたい。経営現場で起きている，感じている，行動している実態の把握なしに，実証分析と理論構築に向けた研究はできない。ここでの研究成果を実践経営にフィードバックしていくことで，少しでもご協力への感謝を表すことができればと考えている。

　本書は大阪経済大学大阪経大学会の出版助成を受けている。また，本研究の基礎となった調査の一部はJSPS科研費JP15K03700から助成を受けたものである。ご支援にこの場を借りてお礼申し上げたい。

　本書の刊行には，中央経済社経営編集部の酒井隆氏にご協力をいただいた。企画から刊行に至る協働のプロセスではきめ細かいご支援を受けた。記して謝意を表したい。

　最後に，私事で恐縮だが，自由奔放に生きてきた私をいつも陰で優しく支えてくれた母，幸子とその傍でいつも明るく振る舞ってくれた姉，由美子には，これまでの暖かい支援と理解に深く感謝したい。若い頃の米国留学へ背中を押してくれた叔父と叔母の伊藤ご夫妻の心遣いとサポートも忘れない。また，2009年に他界した父，秀夫にも本書の刊行を急ぎ報告したい。そして，何より，大学人としてここまで研究を続けてこられたのは，妻モリーンと，2人の子供（彩夢と恵莉），愛犬サニーのお蔭である。私にとってはかけがえのないこの家族があったからこそ，ここまでやってこられた。世界で最も大切なこの家族に改めて感謝したい。

2017年9月
台風一過の清々しい空のもと鳥のさえずりが心地よい
六甲の書斎にて
江島由裕

参考文献

[日本語文献]

江島由裕（2010）「日本のスタートアップ企業の成長要因(1)―デモグラフィーと企業成長―」『大阪経大論集』第61巻第4号，49-64頁。

江島由裕（2011）「中小企業が成長する駆動力：企業家的な戦略志向性」『一橋ビジネスレビュー』Vol.59⑶，208-218頁。

江島由裕（2014）『創造的中小企業の存亡：生存要因の実証分析』白桃書房。

江島由裕（2017）「生まれ10年の会社―高成長企業と低成長企業の実態―」『商工金融』第67巻9号，26-38頁。

江島由裕，秋庭太，金泰旭（2013）「韓国ベンチャー企業の特性と成長―デモグラフィーと雇用成長―」『龍谷大学経営論集』龍谷大学経営学会 第53巻第1号，1-15頁。

中小企業庁（2006）「第1部 2005年度における中小企業の動向」『中小企業白書』。

中小企業庁（2011）「第3部 経済成長を実現する中小企業」『中小企業白書』。

中小企業庁（2014）「第3部 中小企業・小規模事業者が担う我が国の未来」『中小企業白書』。

中小企業庁（2015）「第1部 平成26年度（2014年度）の中小企業・小規模事業者の動向」『中小企業白書』。

中小企業庁（2016）「第2部 中小企業の稼ぐ力」『中小企業白書』。

加護野忠男（2003）「組織の認識スタイルとしての環境決定論と主体的選択論」『組織科学』Vol. 36⑷。

琴坂将広（2014）『領域を超える経営学』ダイヤモンド社。

サリム・イスマイル，マイケル・マローン，ユーリ・ファン・ギースト（2015）『シンギュラリティ大学が教える飛躍する方法』（小林啓倫訳）日経BP。

渋谷順（2012）『経営を引き受ける覚悟』同友館。

総務省統計局（1999）『平成11年事業所・企業統計調査』。

[外国語文献]

Anderson, B., P. M. Kreiser, D. F. Kuratko, J. S. Hornsby and Y. Eshima (2015) "Reconceptualizing Entrepreneurial Orientation," *Strategic Management Journal*, 36 (10), 1579-1596.

Berrone, P., C. Cruz and L. R. Gomez-Mejia (2012) "Socioemotional Wealth in Family Firms: Theoretical Dimensions, Assessment Approaches, and Agenda for Future Research," *Family Business Review*, Vol. 25 (3), 258-279.

Brown, T., P. Davidsson and J. Wiklund (2001) "An Operationalization of Stevenson's Conceptualization of Entrepreneurship as Opportunity-Based Firm Behavior," *Strategic Management Journal*, 22, 953-968.

Cennamo, C., P. Berrone, C. Cruz and L.R. Gomez-Mejia (2012) "Socioemotional Wealth and Proactive Stakeholder Engagement: Why Family-Controlled Firms Care More About Their Stakeholders," *Entrepreneurship Theory and Practice*, Vol. 36 (6), 1153-1173.

Covin, J. G. and G.T. Lumpkin (2011) "Entrepreneurial Orientation Theory and Research: Reflections on a Needed Construct," *Entrepreneurship Theory and Practice*, 35 (5), 855-872.

Covin, J.G and D. Miller (2013) "International Entrepreneurial Orientation: Conceptual Considerations, Research Themes, Measurement Issues, and Future Research Directions," *Entrepreneurship Theory and Practice*, DOI:10.1111/etap.12027.

Covin, J. G. and D.P. Slevin (1988) "The Influence of Organization Structure on the Utility of an Entrepreneurial Top Management Style," *Journal of Management Studies*, 25 (3), 217-234.

Covin, J. G. and D. P. Slevin (1989) "Strategic Management of Small Firms in Hostile and Benign Environments," *Strategic Management Journal*, Vol. 10 (1), 75-87.

Covin, J. G. and D. P. Slevin (1991) "A Conceptual Model of Entrepreneurship as Firm Behavior," *Entrepreneurship Theory and Practice*, Vol. 16 (1), 7-25.

Covin JG, and G.T. Lumpkin (2011) "Entrepreneurial Orientation Theory and Research: Reflections on a Needed Construct," *Entrepreneurship: Theory and Practice* 35, 855-872.

Cressy, R. C. (1996) "Are Business Startups Debt-Rationed?" *The Economic Journal*, Vol.106 (438), 1253-1270.

Eshima, Y. and B.S. Anderson (2016) "Firm Growth, Adaptive Capability, and Entrepreneurial Orientation," *Strategic Management Journal*, 38 (3), 770-779.

Gartner, W.B. (1988) "'Who is an Entrepreneur?' is the Wrong Question," *American Journal of Small Business* 12 (4), 11-32.

Green, M. K., G. J. Covin and D. P. Slevin (2008) "Exploring the Relationship Between Strategic Reactiveness and Entrepreneurial Orientation: The Role of Structure-style Fit," *Journal of Business Venturing*, Vol. 23 (3), 356-283.

George, BA and L. Marino (2011) "The Epistemology of Entrepreneurial Orientation, : Conceptual Formation, Modeling and Operationalization," *Entrepreneurship: Theory and Practice*, 35 (5), 989-1024.

Hansen, J.D., G.D. Deitz, M. Tokman, M. Marino, and K.M. Weaver (2010) "Cross-National Invariance of the Entrepreneurial Orientation Scale," *Journal of Business Venturing* 26, 61-78.

Headd, B. and B. Kirchhoff (2009) "The Growth, Decline and Survival of Small Business: An Exploratory Study of Life Cycles," *Journal of Small Business Management*, Vol. 47 (4), 531-550.

Higgins, E. T. (1997) "Beyond Pleasure and Pain," *American Psychologist*, 52 (12), 1280-1300.

Higgins, E. T., R.S. Friedman, R.E. Harlow, L.C. Idson, O.N. Ayduk and A. Taylor (2001) "Achievement Orientations from Subjective Histories of Success: Promotion Pride versus Prevention Pride," *European Journal of Social Psychology*, 31 (1), 3-23.

Khandwalla, P. N. (1972) "Environment and Its Impact on the Organization," *International Studies of Management & Organization*, 2 (3), 297-313.

Kirzner, I. M. (1973) *Competition and Entrepreneurship*, The University of Chicago. (田島義博監訳〔1985〕『競争と企業家精神』千倉書房)

Lee, C., K. Lee. and J. M. Pennings (2001) "Internal Capabilities, External Networks, and Performance: A Study on Technology-Based Ventures," *Strategic Management Journal*, Vol. 22 (6-7), 615-640.

Lumpkin, G.T., C.C. Cogliser and D.R. Schneider (2009) "Understanding and

Measuring Autonomy: An Entrepreneurial Orientation Perspective," *Entrepreneurship Theory and Practice*, January, 47-69.

Lumpkin, G. T. and G. G. Dess (1996) "Clarifying the Entrepreneurial Orientation Construct and Linking it to Performance," *Academy of Management Review*, Vol.21 (1), 135-173.

Lumpkin, G.T. and G. G. Dess (2001) "Linking Two Dimensions of Entrepreneurial Orientation to Firm Performance: The Moderating Role of Environment and Industry Life Cycle," *Journal of Business Venturing*, 16, 429-451.

Madsen, E. L. (2007) "The Significance of Sustained Entrepreneurial Orientation on Performance of Firms-A Longitudinal Analysis," *Entrepreneurship and Regional Development*, Vol. 19 (2), 185-204.

March, J. G. and H. A. Simon (1968) *Organizations*, New York: John Wiley & Sons.

Marquis, C. and A.S. Tilcsik (2013) "Imprinting: Toward a Multilevel Theory," *Academy of Management Annual*, 7, 193-243.

Matsuno, K., J.T. Mentzer and A. Özsomer (2002) "The Effects of Entrepreneurial Proclivity and Market Orientation on Business Performance," *Journal of Marketing*, 66 (3), 18-32.

McGrath, Rita (2013) *The End of Competitive Advantage*, Harvard Business Review Press.（鬼澤忍〔2014〕『競争優位の終焉』日本経済新聞社）

Milanov, H. and S.A. Fernhaber (2009) "The Impact of Early Imprinting on the Evolution of New Venture Networks," *Journal of Business Venturing*, 24, 46-61.

Miles, R. E. and C. C. Snow (1978) *Organizational Strategy, Structure, and Process*, McGraw-Hill.（土屋守章・内野崇・中野工訳〔1983〕『戦略型経営』ダイヤモンド社）

Miller, D. (1983) "The Correlates of Entrepreneurship in Three Types of Firms," *Management Science*, 29 (7), 770-791.

Miller, D. (2011) "Miller (1983) Revisited: A Reflection on EO Research and Some Suggestions for the Future," *Entrepreneurship Theory and Practice*. 35(5), 873-894.

Mintzberg, H. (1973) "Strategy-Making in Three Modes," *California Management Review*, 16, 44-53.

Morris, M.H., S. Coombes, J. Allen and M. Schindehutte (2007) "Antecedents and

Outcomes of Entrepreneurship in a Non-Profit Context: Theoretical and Empirical Insight," *Journal of Leadership and Organizational Studies*, 13 (4), 1 -38.

Morris, M. H. and G.W. Paul (1987) "The Relationship Between Entrepreneurship and Marketing in Established Firms," *Journal of Business Venturing*, 2 (3), 247- 259.

Morris, M.H., J.W. Webb and R.J. Franklin (2011) "Understanding the Manifestation of Entrepreneurial Orientation in the Nonprofit Context," *Entrepreneurship Theory & Practice*, 35 (5), 947-971.

Okamuro, H. (2004) "Survival of New Firms in an Industry Agglomeration: An Empirical Analysis Using Telephone Directory of Tokyo," *COE/RES Discussion Paper Series*, No. 65, Hitotsubashi University.

Oviatt, B. and P.McDougall (1994) "Toward a Theory of International New Ventures," *Journal of International Business Studies*, 25, 45-64.

Penrose, E. T. (1959) *The Theory of the Growth of the Firm*, Oxford: Basil Blackwell. (末松玄六訳〔1980〕『会社成長の理論: 第二版』ダイヤモンド社)

Podsakoff, P., S. Mackenzie, R. Moorman and R. Fetter (1990) "Transformational Leader Behaviors and Their Effects on Followers' Trust in Leader, Satisfaction, and Organizational Citizenship Behaviors," *Leadership Quarterly*, 1 (2), 107- 142.

Rauch, A., J. Wiklund, G.T. Lumpkin and M. Frese (2009) "Entrepreneurial Orientation and Business Performance: An Assessment of Past Research and Suggestions for the Future," *Entrepreneurship Theory and Practice*, 33 (3), 761- 787.

Rennie, M. (1993) "Born Global," *The McKinsey Quarterly*, No. 4 , 45-52.

Rosenbusch, N., A. Rauch, and A. Bausch (2013) "The Mediating Role of Entrepreneurial Orientation in the Task Environment-Performance Relationship: A Meta-Analysis," *Journal of Management*, 39 (3), 633-659.

Roxas, B. and D. Chadee (2013) "Effects of Formal Institutions on the Performance of the Tourism Sector in the Philippines: The Mediating Role of Entrepreneurial Orientation," *Tourism Management*, 37, 1 -12.

Rumelt, R.P (1987) "Theory, Strategy and Entrepreneurship," in Teece D. (ed.),

The Competitive Challenge: Strategies for Industrial Innovation and Renewal, Cambridge, Ballinger, MA, pp.137-157（石井淳蔵・奥村昭博・金井壽宏・角田隆太郎・野中郁次郎訳〔1988〕『競争への挑戦』白桃書房）

Rumelt, R.P (1991) "How Much Does Industry Matter?" *Strategic Management Journal*, 12 (3), 167-185.

Runyan, R.C., Ge. Dong and J.L. Swinney (2011) "Entrepreneurial Orientation in Cross-Cultural Research," *Entrepreneurship: Theory and Practice*, 35, 1 -18.

Sarasvathy, S.D. (2001) "Causation and Effectuation: Toward a Theoretical Shift from Economic Inevitability to Entrepreneurial Contingency," *The Academy of Management Review*, Vol. 26 (2), 243-263.

Sarasvathy, S.D. (2008) *Effectuation: Elements of Entrepreneurial Expertise*: Edward Elgar Publishing Limited（加護野忠男監訳/高瀬進・吉田満梨訳〔2015〕『エフェクチュエーション：市場創造の実効理論』碩学舎）

Schneider, S.L. (1992) "Framing and Conflict: Aspiration Level Contingency, the Status Quo, and Current Theories of Risky Choice", *Journal of Experimental Psychology: Learning, Memory, and Cognition*, 18 (5), 1040-1057.

Singer, S., J. Amorós and D. Arreola (2015) "Global Entrepreneurship Monitor 2014 Global Report"（http://www.gemconsortium.org/report）

Shane, S. and S. Venkataraman (2000) "The Promise of Entrepreneurship as a Field of Research," *Academy of Management Review*, Vol. 25 (1), 217-226.

Stevenson, H. H. and J. C. Jarillo (1990) "A Paradigm of Entrepreneurship: Entrepreneurial Management," *Strategic Management Journal*, Vol. 11, Special Issue (Summer), 17-27.

Storey, D. J. (1985) "Manufacturing Employment Change in Northern England 1965-78: The Role of Small Business" in D.J. Storey (ed.), *Small Firms in Regional Economic Development*, Cambridge University Press.

Storey, D. J., K. Keasey, R. Watson and P. Wynarczyk (1987) *The Performance of Small Firms: Profits, Jobs and Failure*, London: Croom Helm.

Timmons, J. A. (1994) *New Venture Creation*, 4 th edition, Illinois: Richard D. Irwin.（千本倖生・金井信次訳〔1997〕『ベンチャー創造の理論と戦略』ダイヤモンド社）

Wales, J.W., V.K., Gupta and F.T. Mousa (2013) "Empirical Research on

Entrepreneurial Orientation: An Assessment and Suggestions for Future Research," *International Small Business Journal*, Vol.31 (4), 357-383.

Wiklund, J (1999) "The Sustainability of the Entrepreneurial Orientation-Performance Relationship," *Entrepreneurship Theory and Practice*, Vol. 24 (1), 37-48.

Wiklund, J. and D. Shepherd (2003a) "Aspiring for, and Achieving Growth: The Moderating Role of Resources and Opportunities," *Journal of Management Studies*, Vol. 40 (8), 1919-1941.

Wiklund, J. and D. Shepherd (2003b) "Knowledge-Based Resources, Entrepreneurial Orientation, and The Performance of Small Medium-sized Businesses," *Strategic Management Journal*, Vol. 24 (13), 1307-1314.

Wiklund, J. and D. Shepherd (2005) "Entrepreneurial Orientation and Small Business Performance: A Configurational Approach," *Journal of Business Venturing*, Vol. 20 (1), 71-91.

Wiklund, J. and D. Shepherd (2011) "Where to From Here? EO-as-Experimentation, Failure, and Distribution of Outcomes," *Entrepreneurship Theory and Practice*, 35 (5), 925-946.

Williams, C. (2008) "Beyond Necessity-Driven versus Opportunity-Driven Entrepreneurship: A Study of Informal Entrepreneurs in England, Russia and Ukraine," *International Journal of Entrepreneurship and Innovation*, Vol. 9 (3), 157-166.

Zahra, S. A. and J. G. Covin (1995) "Contextual Influence on the Corporate Entrepreneurship-Performance Relationship: A Longitudinal Analysis," *Journal of Business Venturing*, Vol. 10 (1), 43-58.

Zahra, S. A., D. F. Jennings and D.F. Kuratko (1999) "The Antecedents and Consequences of Firm-Level Entrepreneurship: The State of the Field," *Entrepreneurship Theory and Practice*, 24 (Winter), 45-65.

索　引

英数

2011（震災4か月後）………… 92, 95, 96, 103, 108
2014（震災3年後）………… 92, 95, 96, 103, 108
Entrepreneurial Orientation：EO（企業家的志向性）…… 41, 42, 46, 187
Entrepreneurial Strategic Posture（ESP）（企業家的戦略姿勢）……… 44
Entrepreneurs' Organization：EO（起業家機構）………………… 183
Entrepreneurship（企業家活動）…… 41
EO調査票 ……………………………… 48
EOの継承 ……………………………… 181
Global Entrepreneurship Monitor：GEM ……………………………… 19
Imprinting ……………………………… 151
International Entrepreneurial Orientation：IEO（国際企業家的志向性）……………………………… 48
Lumpkin/Dessモデル ………… 44, 46
Miller/Covinモデル ………………… 44
The Ten Percenters ………………… 27

あ行

アスピレーション水準 ………… 157, 168
一時的な競争優位 …………………… 176
インターナルコミュニケーション … 181
インターネットデータセンター …… 130
受身型戦略 …………………………… 54
売上高経常利益率 …………………… 22
売上高成長率 ………………………… 25

英国（UK）調査 …………………… 191
英国のBLプログラム ……………… 183
エフェクチュエーショナル …… 142, 157
オーストリア学派 …………………… 41

か行

開業率 ………………………………… 19
革新性（innovativeness）………… 45
稼ぐ力 ………………………………… 22
㈱堺電機製作所 ………………… 119, 122
㈱スマートバリュー …………… 120, 131
環境決定論 …………………………… 175
韓国調査 ……………………………… 190
韓国の成長中小企業 ………………… 30
機会主導型 …………………………… 144
機会ベース型マネジメント … 42, 149, 152
企業家的行動（Entrepreneurial Behavior：EB）… 189
企業家レント ………………………… 42
企業行動理論（BTOF）…………… 96
気質／性質（disposition）………… 188
競争的攻撃性（competitive aggressiveness）…… 46
経営者のリスク姿勢（Managerial Attitude towards Risk：MATR）……………………………… 189
経路依存性 …………………………… 141
高EO企業 …………………………… 75
高成果企業 …………………………… 75
行動（behavior）…………………… 188
コーゼーショナル …………………… 142
国際ニュー・ベンチャー …………… 38

さ行

再構成（re-configuration）………… 150
時価総額 ……………………………… 134
資源ベース型マネジメント …… 42, 152
資源ベースの拡充 …………………… 167
市場適応（学習）能力 ……………… 167
持続的な競争優位 …………………… 176
社会情動的資産（social emotional
　wealth：SEW）…………… 105, 167
修正版EO ……………………………… 189
─────のメカニズム ………… 192
主体的選択論 ………………………… 175
触媒条件 ……………………………… 167
自律性（autonomy）………………… 46
新規株式公開 ………………………… 133
制御焦点 ……………………………… 139
生存率 ………………………………… 20
世界競争アリーナ …………………… 25
先駆性（proactiveness）…………… 45
先行条件 ……………………………… 167
全国競争アリーナ …………………… 25
戦略型経営 …………………………… 44
戦略駆動力 …………………………… 175
戦略的企業家行動（strategic
　entrepreneurial behavior：SEB）‥ 193
促進焦点 ……………………… 159, 168

た行

多面的概念（multidimensional）…… 45
単一概念（unidimensional）………… 45
探索型EO …………………… 147, 166
探索型戦略（prospector）………… 54
地域競争アリーナ …………………… 25
低EO企業 …………………………… 75
低成果企業 …………………………… 75
統合型EO …………………… 154, 166
ドコモショップ ……………………… 123

な行

日本の成長中小企業 ………………… 28

は行

東日本大震災 ………………………… 81
必要性主導型 ………………………… 141
飛躍型企業（Exponential
　Organization：ExO）…………… 35
ブロックチェーン …………………… 137
分析型戦略（analyzer）…………… 54
米国SBDCプログラム ……………… 183
変革型リーダーシップ ……………… 181
防衛型戦略（defender）…………… 54
ボーングローバル企業 ……………… 31

ま行

マギル大学 …………………………… 43

や行

有利子負債 …………………………… 126
ユニコーン（一角獣）企業 ………… 33
余剰資源（スラック）……………… 170
予防焦点 ……………………… 159, 168

ら行

リアルオプション …………… 146, 178
リスク負荷（risk-taking）………… 45
利用型EO …………………… 147, 166

【著者略歴】

江島　由裕（えしま　よしひろ）

大阪経済大学経営学部教授，博士（経営学）。日本ベンチャー学会理事。企業家研究フォーラム理事。
1989年米国ピッツバーグ大学大学院公共・国際事情研究科修士課程修了（MPIA）。2010年上智大学博士（経営学）。㈱三和総合研究所，岡山大学，島根県立大学などを経て現職。
主著：『創造的中小企業の存亡：生存要因の実証分析』（白桃書房，2014年，日本ベンチャー学会清成忠男賞（書籍部門），企業家研究フォーラム賞，中小企業研究奨励賞準賞），『地域産業創生と創造的中小企業』（共著，大学教育出版，2004年），「新事業開発中小企業の生存要因分析」『ベンチャーズ・レビュー』No.11, 日本ベンチャー学会（2008年，日本ベンチャー学会清成忠男賞（論文部門）），「創造的中小企業支援政策の評価」『一橋ビジネスレビュー』50巻2号（2002年）。
"Firm growth, adaptive capability, and entrepreneurial orientation," *Strategic Management Journal*, 38(3)（共著, 2017年）。"Reconceptualizing entrepreneurial orientation", *Strategic Managing Journal*, 36(10)（共著, 2015年）, "The influence of firm age and intangible resources on the relationship between entrepreneurial orientation and firm growth among Japanese SMEs," *Journal of Business Venturing*, 28(3)（共著, 2013年）。他多数。

小さな会社の大きな力
―― 逆境を成長に変える企業家的志向性（EO）　　（大阪経済大学研究叢書第87冊）

2018年2月1日　第1版第1刷発行

著　者	江　島　由　裕
発行者	山　本　　　継
発行所	㈱中　央　経　済　社
発売元	㈱中央経済グループパブリッシング

〒101-0051　東京都千代田区神田神保町1-31-2
電話　03（3293）3371（編集代表）
　　　03（3293）3381（営業代表）
http://www.chuokeizai.co.jp/
印刷／三　英　印　刷㈱
製本／誠　　製　　本㈱

©2018
Printed in Japan

＊頁の「欠落」や「順序違い」などがありましたらお取り替えいたしますので発売元までご送付ください。（送料小社負担）
ISBN978-4-502-24181-9　C3034

JCOPY〈出版者著作権管理機構委託出版物〉本書を無断で複写複製（コピー）することは，著作権法上の例外を除き，禁じられています。本書をコピーされる場合は事前に出版者著作権管理機構（JCOPY）の許諾を受けてください。
JCOPY〈http://www.jcopy.or.jp　eメール：info@jcopy.or.jp　電話：03-3513-6969〉

国際競争力第4位のスウェーデンに学ぶ

スウェーデン流グローバル成長戦略

「分かち合い」の精神に学ぶ

小国ながらもイケア、ボルボ、H＆Mなど名だたるグローバル企業を輩出しているスウェーデン。これらの企業の戦略は国際競争に苦しむ日本企業に多くの示唆を与える。

■加護野　忠男・山田　幸三・長本　英杜〔編著〕
■四六判・240頁
■ISBN：978-4-502-12601-7

―――――◆本書の主な内容◆―――――

第1章　なぜスウェーデン企業に注目するのか

第2章　価値観に共感する社員と取引先
　　　　―イケアの成長戦略と人材の採用・育成

第3章　緩やかなM&Aとグローバルな人材育成システム
　　　　―アトラスコプコの成長戦略と人材の育成・配置

第4章　開かれた仲間型企業のM&A
　　　　―ボルボのグローバル成長戦略

第5章　子会社とつくる「よい親会社」
　　　　―BTと豊田自動織機の成長戦略

第6章　緩やかな親子関係の構築と人を基軸としたマネジメント
　　　　―スウェーデン流グローバル成長戦略から何を学ぶか

中央経済社